NIPPES – WAT ES DAT EIJENTLICH?

Meinen Eltern gewidmet

Abkürzungen

Abb.	Abbildung(en)
Anm.	Anmerkung(en)
Aufl.	Auflage
Bd.	Band
bzw.	beziehungsweise
ca.	zirka
HAStK	Historisches Archiv der Stadt Köln
Hg.	Herausgeber
hg.	herausgegeben
Hsta Dssd	Hauptstaatsarchiv Düsseldorf
KLA	Kölner Lokal-Anzeiger
KR	Kölnische Rundschau
KStA	Kölner Stadt-Anzeiger
KöZ	Kölnische Zeitung
n. Chr.	nach Christus
o. ä.	oder ähnliches
u. a.	unter anderem(n)
v.	vom(n)
z. B.	zum Beispiel

Zitate aus alten Dokumenten wurden unverändert übernommen. Irritationen durch die Schreib- und Ausdrucksweise werden daher nicht ausbleiben.

1. Auflage 1997

Gestaltung: coMedia, G. Rangeard, Köln
Druck: Druckhaus Köthen GmbH, Köthen

ISBN 3-924491-93-3

Inhalt

Vorwort 5

Nippes - wat es dat eijentlich?

Ein Beitrag zur Klärung der Bedeutung des Ortsnamens Nippes 9

Siedlungsgeschichte im Zeitraffer 9

Die bisherigen Erklärungen für Nippes 12
– Pest und nippen 12
– Noch einmal die Pest 14
– Gutshof Nippes, nip und Nep 14
– Die Nippesfabrik und nochmals die Pest 16
– Herr Nepp oder Nipp gibt sich die Ehre 19
– Weißhaus und Schwarzhaus 20
– Nep soll eine Anhöhe sein 21
– Der Weiher Nippes 22
– Das weiße Türmlein 22
– Das kleine Haus an der Neusser Straße 24
– Nippes ist ein Höhenhaus 24
– Der verlandete Rheinarm 25

Der kleine Unterschied: Nippes und am Nippes 27

Die Bedeutung des Namens Nippes anderenorts 29

Zurück nach Köln-Nippes 32
– Nippes vom friesischen nip? 33
– Nippes von Niep? 35
– Nippes vom seeländischen nip? 37
– Anmerkungen zu den übrigen Erklärungsversuchen 37

Nippes in Wörterbüchern und Lexika 41

Nippes, Knupp und Kirmes

Ein Dorf wird über seine Grenzen hinaus bekannt 43

Die ersten Hinweise auf Knupp und Kirmes am Nippes 44

Der Kölner Rat muß sich mit den Bierhäusern am Nippes befassen 45

Ein kleiner Exkurs zur Geschichte des Bieres 47

Ein Problem und seine weiteren Lösungsversuche 51

Die Franzosen beenden den Streit um das Bier 59

Nippes wird weithin bekannt 61

Die Nippeser Kirmes im 19. Jahrhundert 63

Das Ende der volkstümlichen Kirmes am Nippes 97

Warum wird Nippes scherzhaft Ausland genannt?

Eine Redewendung sorgt auch heute noch für Erheiterung 99

Maler Bock zog es nach Nippes 99

Das Land zwischen Köln und Nippes 101

Die Franzosen in Nippes 105

Nachwort 108

Personenregister 110

Abbildungsnachweis 110

Über die Arbeit des Autors 111

Vorwort

Liebe Leserin, lieber Leser,
die mir in den letzten Jahren am häufigsten gestellte Frage lautete: *„Was bedeutet eigentlich der Name Nippes?“* Die Frage beantwortete ich stets unter dem Hinweis auf Peter Schreibers Buch über die Geschichte von Nippes *Mauenheim einst und jetzt* von 1962. Er bot hierin zwei Erklärungsvarianten an.

Einmal könnte die Namensgebung von einem Hof Nippes abgeleitet worden sein, der von einem Pächter namens *Nep* oder *Nipp* bewohnt war. Durch die Hinzufügung der Silbe *es* als Abkürzung für ein Haus, wie z. B. Backes gleich Backhaus, war es zu dem Hofnamen und damit auch zu dem Ortsnamen Nippes gekommen. Mit dem *Nippes* genannten Hof meinte Schreiber den heute noch existierenden Altenberger Hof an der Mauenheimer Straße, oberhalb des Nippeser Tälchens, der tatsächlich von den Nippesern auch Nippeshof genannt wurde.

Auch die zweite Erklärung, die Schreiber favorisierte, führte er auf diesen Hof *Nippes* zurück. Er machte jetzt den Hinweis auf das Wort *neppen*, das *hervorstehen machen* bzw. *mit etwas Erhöhtem besetzen*, bedeuten würde. Da der Altenberger Hof seiner Meinung nach auf einer Anhöhe steht, wäre *Nippes* als Höhenhaus, ein Haus, das auf der Höhe steht, zu deuten.

Die Frage ließ mir keine Ruhe, waren doch die von Schreiber verbreiteten Ausführungen nicht ganz zweifelsfrei und leider auch ohne Quellenangaben versehen. Allein die Tatsache, daß er zwei Antworten bot, macht die Schwierigkeiten bei der Namensdeutung deutlich. Ließ sich bei einer erneuten Beschäftigung mit dieser für die Geschichtsschreibung von Nippes so wichtigen Frage nicht doch noch die einzig richtige Erklärung finden? Da sich seit Schreiber niemand mehr ernsthaft mit der Frage nach der Bedeutung des Namens Nippes befaßt hatte, begab ich mich an die Arbeit. Über das, was ich zum Thema aus den zahlreichen Quellen ans Tageslicht fördern konnte, war ich sehr erstaunt. Nicht weniger als insgesamt 16 (in Worten: sechzehn) Erklärungen lagen mir am Ende der Suche vor. Zu ihnen gehören auch witzige und abwegige Deutungen. Ob unter ihnen aber auch die einzig richtige Erklärung zu finden war, lesen Sie im ersten Beitrag dieses Buches.

Unter allen Kölner Stadtteilen nimmt Nippes eine besondere Stellung ein. Unser Stadtteil hat einen bemerkenswerten, weil eigenartigen und witzigen Namen. Mit seinem täglich außer an Sonn- und Feiertagen stattfindenden äußerst beliebten Markt auf dem Wilhelmplatz ist er weit über Köln und sogar im europäischen Ausland bekannt. Und er kann sich rühmen, in den vergangenen Jahrhunderten, als Nippes noch ein Dorf war, im Schatten Kölns kein Mauerblümchendasein geführt, sondern mit seinen verschiedenen Angeboten und aufgrund seiner Lage vor dem bedeutenden Eigelsteinertor an dem Handelsweg Neusser Straße ein durchaus aktives und attraktives öffentliches Leben gehabt zu haben. Das Dollbier und die Kirmes zogen die Kölner alljährlich in Scharen an. Für den Rat der Stadt Köln wurden die Ausflüge nach Nippes zu einem Problem. Er sah sich über einhundert Jahre lang gezwungen, den Kölnern das *Auslaufen nach den am Nippes gelegenen Bierhäusern zum schädlich dollen Getränk* zu verbieten.

Mit dem Biertourismus und mit der Kirmes ist auch zu erklären, warum der kleine Ort Nippes bereits zu Beginn des 19. Jahrhunderts in Reisehandbücher genannt wurde. Wer also bisher von Nippes als dem etwas anderen Stadtteil gehört hat, weiß nach der Lektüre des Beitrages *Nippes, Knupp und Kirmes*, worauf dieser Ruf historisch begründet ist. Zum ersten Mal werden hierin diese die Nippeser Geschichte beherrschenden Themen umfassend dokumentiert und in ihren Zusammenhang mit der Geschichte der Stadt Köln dargestellt.

Genauso herausfordernd, wie die Frage nach der Bedeutung des Namens Nippes im Raum stand, so war es mit der Frage, warum Nippes seit jeher auch als *Ausland* bezeichnet wird. Nur vage Erklärungen erhielt ich auf die Nachfrage bei alteingesessenen Kölnern und Nippesern sowie beim Studium der Literatur. Aber alle Befragten wußten, daß, wenn man nach Nippes geht, man ins *Ausland* kommt. Diese Meinung hält sich nach wie vor hartnäckig in der Kölner Öffentlichkeit und löst auch immer wieder aufs neue Erheiterung aus. In meinem Beitrag *Warum wird Nippes scherzhaft Ausland genannt?* versuche ich darauf eine Antwort zu geben.

Nach dem Lesen der drei Beiträge werden Sie sich sicher meiner Meinung anschließen können, daß Nippes sehr wohl auch vor dem 19. Jahrhundert ansehnlich gewesen sein muß und eine aufregende Geschichte hatte. Ich jedenfalls kann in Kenntnis der Nippeser Vergangenheit dem

Urteil eines Autoren nicht beipflichten, der da schrieb: „*Nippes, unansehnlich und ohne eine aufregende Geschichte, hat schon viele Jahrhunderte auf dem Buckel, bevor es dann im 19. Jahrhundert auf den Landkarten wie in Wirklichkeit immer ansehnlicher wird, ...*“[1]

Und über diesen bemerkenswerten Wohnplatz, den man nachweislich seit 1549, vermutlich bereits viel früher, *am Nippes* nannte, auf dem kürzlich römische Siedlungsspuren entdeckt wurden und über dessen Entwicklung zwischen dem 13. und 19. Jahrhundert in alten Urkunden und Akten nachgelesen werden kann, will ich Sie auch weiterhin umfassend informieren und kurzweilig unterhalten.

am Nippes am 12. Dezember 1996 Reinhold Kruse

1 Nippes – eine Geschichte mit Zukunft, Franz Irsfeld, in: Nippes gestern und heute, Eine Geschichte des Stadtbezirks ..., Im Auftrag des Stadtbezirks Nippes hg. von Franz Irsfeld, Buchladen Neusser Straße, Köln, 1. Aufl. 1983, S. 9.

Nippes – wat es dat eijentlich?

Ein Beitrag zur Klärung der Bedeutung des Ortsnamens Nippes[2]

Die Frage nach der Bedeutung des Namens Nippes bewegte die Nippeser nachweislich mindestens seit 1881. In den folgenden Jahrzehnten wurde sie immer wieder neu aufgeworfen, da die gegebenen Antworten letztlich nie überzeugten und nie frei von Zweifeln waren. Sie fielen tatsächlich sehr unterschiedlich aus. Und diejenigen, die meinten, ihre Antwort sei die einzig richtige, kamen immer dann in Schwierigkeiten, wenn sie den Beweis ihrer Erklärung antreten sollten. So herrscht in Nippes bis in die heutige Zeit Unklarheit über Nippes.

Um diesen für alle Nippeser unbefriedigenden Erklärungsnotstand zu ändern, setzte ich mir vor Jahren das Ziel, der im Titel formulierten Frage einmal nachzugehen. Ich hoffte insgeheim darauf, den entscheidenden Hinweis auf den Ursprung des Namens in einer bis dahin unbekannten oder unbeachteten Quelle zu finden. Also machte ich mich auf den Weg durch die Literatur und in die Archive und Bibliotheken. Die von mir zusammengetragenen sechzehn Erklärungen stelle ich auf den folgenden Seiten einmal vor. Unter ihnen sind mehr oder weniger ernstzunehmende, sonderbare und auch lustige. Auch fand ich die Bedeutung von Nippes als einer Ansammlung von dummen Menschen[3], meine dazu aber, hier nicht näher darauf eingehen zu müssen. Zu unglaublich erscheint diese Erklärung für Nippes in Köln zu sein. Schon allein die Tatsache, daß auch dieser dritte Band meiner Buchreihe gelesen werden wird, beweist eindeutig, daß diese Variante hier jeglicher Grundlage entbehrt.

Zuvor möchte ich aber kurz zum besseren Verständnis des Themas die siedlungsgeschichtliche Entwicklung hier im Norden der Stadt Köln aufzeigen.

Siedlungsgeschichte im Zeitraffer

Seit den 1994 von Archäologen des Römisch-Germanischen Museums durchgeführten Grabungen im Bereich des Altenberger Hofes (Mauenheimer Straße 92, Ecke Niehler Kirchweg, oberhalb des Nippeser Täl-

2 *Für die Durchsicht der ersten Fassung des Aufsatzes und für weitere Anregungen zum Thema danke ich Herrn Dr. Manfred Huiskes im HAStK und Herrn Dr. Walter Hoffmann vom Institut für geschichtliche Landeskunde der Rheinlande der Universität Bonn, Abteilung für Sprachforschung.*

3 *Rheinisches Wörterbuch, bearbeitet und herausgegeben von Josef Müller, Band VI, 1941, Erika Klopp Verlag, Berlin und Bonn, Spalte 219.*

chens) wissen wir, daß die Römer an der Stelle des späteren Herrenhauses des Hofes bereits ein Wohnhaus errichtet hatten. Die Funde von Mauerteilen eines Hypokaustums[4], Dachziegeln, Keramikbruch und von Überresten eines Brunnenschachtes weisen eindeutig auf die römische Zeit der Wende vom 1. zum 2. Jahrhundert n.Chr. hin. Nach dem Abzug der Römer folgten ab der Mitte des 5. Jahrhunderts nach Christus die Franken. Sie zählten zu jenen germanischen Stämmen, die das bäuerliche Leben auf dem Land dem städtischen Leben vorzogen. Die Franken konnten unter Führung ihrer Könige, z.B. Chlodwig (gestorben im Jahr 511) und Karl der Große (742–814), zwischen dem 5. und 10. Jahrhundert ein großes Reich im Westen Europas errichten. In diese Zeit fällt wahrscheinlich die Ansiedlung einer fränkischen Familie im Bereich der Einmündung des heutigen Niehler Kirchweges in die Mauenheimer Straße. Es wird wohl das Geschlecht der Mauenheims gewesen sein, die sich hier niederließen. Die Endung auf *heim* ist typisch für fränkische Siedlungen. 1199 ist der Name Mauenheim erstmals urkundlich nachgewiesen, zu einer Zeit, wo die Mauenheims wahrscheinlich bereits von hier fortgegangen und in die Stadt Köln gezogen waren. Denn 1199 schenkte der damalige Erzbischof Adolf I. dem Stift St. Kunibert den Rottzehnten[5] zu Mauenheim. Das Stift St. Kunibert war dann bis zum Beginn der französischen Besatzung 1794 Eigentümer der Herrlichkeit Mauenheim.[6] Im Verlaufe ihrer Machtausübung zogen die Franzosen das kirchliche und klösterliche Eigentum ein und wandelten es in weltlichen Besitz um. Dieser Vorgang, auch Säkularisation genannt, begann aufgrund eines Gesetzes im Jahre 1802. Das Gebiet der Herrlichkeit Mauenheim umfaßte ungefähr die Fläche des heutigen Stadtteiles Nippes inklusive angrenzender kleinerer Teile von Bilderstöckchen, Mauenheim und Weidenpesch. Bis zur Franzosenzeit bestand die Wohnbebauung innerhalb der Herrlichkeit Mauenheim lediglich in den Mauenheimer Höfen im Mündungsbereich des Niehler Kirchweges in die Mauenheimer Straße, sowie einiger kleinerer Hof– und Hausbauten an den Kreuzungsbereichen der Neusser Straße mit der Mauenheimer Straße und Florastraße sowie der Niehler Straße mit der Florastraße. Zu den Mauenheimer Höfen gehörten die Nolen Höfe (später Contzen Höfe), der Altenberger Hof und der Rüsseler Hof (auch: Schincken bzw. Schenk Hof, Schmitze Hof). Die nächsten Orte waren Riehl, Niehl, Merheim (heute Weidenpesch) und Ossendorf sowie die südlich gelegene freie Reichsstadt Köln. Innerhalb der Herrlichkeit Mauenheim bildete sich für die Wohnplätze an den vorgenann-

4 *Kellerraum unter einem von etwa 70 cm hohen Pfeilern getragenen, massiven Fußboden, in dem Holz oder Holzkohle langsam verglühte. Die Heizgase verließen das Hypokaustum durch einen hohl ausgebildeten Wandbelag und entwichen durch besonders geformte Dachziegel.*

5 *Abgabe in Natural– oder Geldform für das neu unter den Pflug genommene Land.*

6 *Eine Herrlichkeit war eine territoriale Verwaltungseinheit eines Kurfürstentums. Mehrere Herrlichkeiten waren in einem Amt zusammengefaßt. Die Herrlichkeit Mauenheim gehörte zu dem Amt Hülchrath.*

ten Kreuzungsbereichen die Bezeichnung *am Nippes* heraus. 1549 ist in einem Schriftstück von einem *„Wyrt am Nippis"* die Rede.[7] Mit diesem Dokument ist zum erstenmal zweifelsfrei die Ortsbezeichnung Nippes belegt.[8] Auf der Karte von Abraham Hogenberg, die um 1610 entstand und erstmals Nippes auf einer Landkarte zeigt, sieht man eindeutig die beiden räumlich voneinander getrennten Wohnplätze *Nippes* und *Maurhem* (Mauenheim) innerhalb der Herrlichkeit Mauenheim.

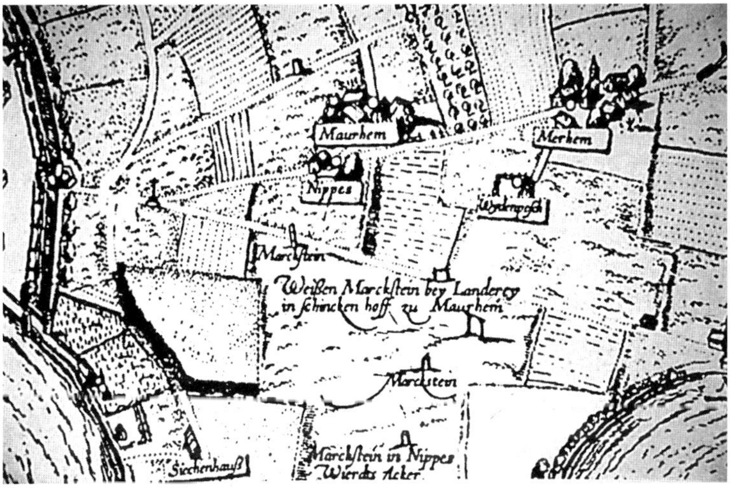

Abb. 1 Ausschnitt aus der Karte von Hogenberg (um 1610). Erwähnung fanden hierauf u. a. auch der „Schincken hoff zu Maurhem", der „Nippes Wierdts Acker" und das „Siechenhauß".

Die Bezeichnung *am Nippes* wiederholt sich in den alten Akten und Urkunden immer wieder; bis etwa in die Mitte des 19. Jahrhunderts läßt sich diese Schreibweise nachweisen. Darauf werde ich im weiteren Verlauf meines Beitrages noch näher eingehen. Erst ab den fünfziger Jahren des vorigen Jahrhunderts verlor sich das *am* allmählich bis zu seinem vollständigen Verschwinden. Genauso erging es dem Namen Mauenheim, d.h. den Mauenheimer Höfen in der gleichnamigen Herrlichkeit als Zentrum der Wohnbebauung auf Nippeser Boden über viele Jahrhunderte. Als Wohnplatzbezeichnung kam dem Weiler Mauenheim eine immer geringere Bedeutung zu. Hier stagnierte die Einwohnerzahl, dagegen ließen sich *am Nippes* bzw. in Nippes immer mehr Menschen nieder. Der Wohnplatz *am Nippes* bzw. Nippes verdrängte zunehmend den Namen Mauenheim von der Landkarte, und wurde allmählich zum allgemein gültigen Namen für den hiesigen Wohnbereich.

Soweit der zeitgeraffte Gang durch etwa 1900 Jahre Siedlungsgeschichte auf Nippeser Boden. Zuletzt sei noch darauf hingewiesen, daß

7 *Pachtvertrag vom 30.9.1549 zwischen dem Benediktinerinnenkloster Köln und dem Johann van Wermßkirchen, wyrt am nippis und Catrina Elvide. In: HAStK, Bestand Machabäer, Nr. 2, Blatt 183.*

8 *Nach einer bisher unbestätigten Information gab es den Namen Nippes als Ortsbezeichnung bereits im Jahr 1535. Im Londoner Victoria-und-Albert-Museum soll sich ein Grabstein befinden, der für einen Kanonikus Heinrich Oskens errichtet worden war. Die Inschrift lautet: „1535, Nippes near Cologne". In: KR vom 6.2.1972. Die Überprüfung dieses Hinweises steht noch aus.*

der heutige Stadtteil Mauenheim erst Anfang der 20er Jahre dieses Jahrhunderts als Siedlung entstanden ist. Den Namen Mauenheim gab man der Siedlung aufgrund ihrer Lage auf dem Gebiet der ehemaligen Herrlichkeit Mauenheim. Dadurch sollte die Erinnerung an den historisch bedeutsamen Namen Mauenheim im öffentlichen Raum wachgehalten werden. Wäre es nicht dazu gekommen, würde heute nur noch die Mauenheimer Straße an die bedeutende Geschichte der Herrlichkeit Mauenheim für den Stadtteil bzw. Stadtbezirk Nippes erinnern. Nun aber zurück zu der Darstellung meiner Vorgehensweise und der Ergebnisse bei dem Bemühen um die Klärung des Namens Nippes.

Die bisherigen Erklärungen für Nippes

Zunächst trug ich die mir bekannten Erklärungsversuche zur Bedeutung des Ortsnamens Nippes zusammen. Danach machte ich mich auf die weitere Suche und fand tatsächlich in zahlreichen Zeitungs- und Festschriftsbeiträgen weitere Deutungsvarianten. Aber auch in entfernterer Literatur wurde ich fündig. Dabei handelte es sich um Erklärungen, die bisher in Nippes noch nie veröffentlicht worden waren.

Die folgende Zusammenstellung aller Deutungen erfolgt chronologisch, d.h. nach dem Datum ihres erstmaligen Erscheinens. Damit gebe ich gleichzeitig eine Übersicht all jener Menschen, soweit sie sich namentlich zu erkennen gegeben haben, die sich bisher mehr oder weniger intensiv mit der Erklärung des Ortsnamens Nippes befaßt haben.

– Pest und nippen

Den wahrscheinlich ersten Anlauf zur Klärung des Namens Nippes machte im Jahr 1881 der Verein für Volksbildung Köln-Nippes.[9] Es war naheliegend, daß sich dieser hier 1876 mit dem Ziel der Pflege der Bildung des Volkes gegründete Verein früher oder später mit dieser Frage beschäftigen mußte. Da aber auf eine entsprechende Anfrage eines Mitgliedes niemand im Verein eine Antwort wußte, wandte sich der Vorstand an das Kölner Stadtarchiv.[10] Von dort erhielt der Verein die Antwort, *„daß Bestimmtes nicht zu ermitteln sei."* Wohl aber gäbe es zwei Vermutungen. Zum einen könnte Nippes aus *nie Pest*, mundart-

9 Über die Geschichte des Vereins für Volksbildung Köln-Nippes entsteht derzeit durch den Autor eine umfassende Darstellung, die in dieser Buchreihe erscheinen wird.

10 Das Kölner Stadtarchiv stand von 1880 bis 1890 unter der Leitung des Archivdirektors Dr. Constantin Höhlbaum (1849 - 1904). Möglicherweise war er der Antwortgeber.

lich *nie peß*, entstanden sein. Angeblich habe dort in Nippes an der Kreuzung der Neusser Straße mit der Mauenheimer Straße und Florastraße einmal ein Pesthaus gestanden, wohin man in Köln die an der Pest Erkrankten zwecks Isolierung gebracht habe.[11] Zum anderen ließe sich der Name des Vorortes vielleicht vom *nippen*, dem *in kleinen Schlückchen trinken*, ableiten. Eventuell waren kleinere Fuhrmannskneipen die Anfänge des Vorortes gewesen. Die Lenker der zahlreich zwischen den Niederlanden und Köln verkehrenden Frachtfuhrwerke haben möglicherweise vor der Einfahrt in die Stadt hier das Pferdegeschirr gereinigt und in Ordnung gebracht und nach getaner Arbeit selber einen kleinen Schnaps genippt.[12]

Der nächste Erklärungsversuch für die Ortsbezeichnung Nippes fand sich in der Ausgabe des Stadt-Anzeigers der Kölnischen Zeitung vom Dienstag, dem 8.9.1891. Er verwies ebenfalls auf das *nippen* als Ursprung des Namens hin. Der nicht benannte Autor des Artikels schrieb u.a.: *„Die Zeiten, in denen planüberdeckte Frachtfuhrwerke den Warenverkehr zwischen den Städten des Unterrheins und der alten Colonia vermittelten, sind längst vorüber. Der letzte Fuhrmann, welcher 50 Jahre lang für eine Neußer Firma die Heerstraße zwischen dieser Stadt und Köln befahren und im ‚Schwarzen Bären' auf dem Heumarkt Einkehr gehalten hatte, legte vor etwa 5 Jahren Amt und Peitsche nieder und wurde dann in seinem Heimatort Fühlingen nach Gebühr gefeiert. Nippes aber bewahrt das Andenken an jene Zeit in seinem Namen, der von der löblichen Gewohnheit der Fuhrleute herstammt, vor ihrem Einzug in Köln die Pferde verschnaufen zu lassen und selbst ein Gläschen zu ‚nippen' d.h. zu trinken. Nippes, ursprünglich aus einigen Gehöften und einem Wirtshaus bestehend, ist inzwischen zu einem bedeutenden, Industrie und Gartenbau betreibenden Orte herangewachsen. ...“*

Nach dem Lesen dieser Zeilen könnte man sich eigentlich zurücklehnen und sagen *„Aha, da steht es schon wieder. Das muß es sein. Nippes kommt vom Nipphaus, einem Wirtshaus. Und weil es wohl von besonderer Bedeutung war, gab es einem ganzen Wohnort seinen Namen. Ganz Nippes ein Nipphaus! Na denn, Prost!“*

Aber so einfach scheint es nicht zu sein, denn die bis zu dem Zeitpunkt veröffentlichten Erklärungen wurden allesamt in der Folgezeit wiederholt dargestellt und nicht nur das, es tauchten auch neue Erklärungen auf.

11 Das angeblich an dieser Stelle gestandene Pesthaus ist bisher nicht nachgewiesen. Wohl stand ein Pest- bzw. Siechenhaus unmittelbar vor der Kölner Stadtmauer zwischen Eigelsteintor und dem Kunibertsturm auf dem Gebiet des Eigelsteiner Burgbanns, wie auf alten Landkarten zu sehen ist. Dieses kann aber mit dem in Nippes gestandenen Pesthaus nicht gemeint sein, dafür ist seine Lage zu weit weg von Nippes. Siehe die Abb. 1, S. 10 und Abb. 21, S. 102.

12 Aus der Geschichte des Vorortes Nippes. In: Beilage zum KStA vom 8.7.1906, ohne Nennung des Autors.

- Noch einmal die Pest

Die bereits vorgestellte Pest–Theorie fand 1894 eine leicht abgewandelte Wiederholung. In einem Karnevalslied mit dem Titel *Alaaf Neppes*[13] heißt es in der ersten Strophe:

„Uns Neppes dunn die Kölsche, Su öfters laachen uhs
als wenn et bei de Welsche, Uhs Deutschland lög erus
Da's Undank, denn der Name, Stamb doher doch gewess
dat her de Kölsche kame, Gerannt, weil he Nie Pess."

Demnach war das Örtchen Nippes schon immer eine pestfreie Zone gewesen, wohin die Kölner aus Angst um ihr Leben gerne flüchteten. Aber Spaß beiseite; diese Erklärung kann man wohl am wenigsten ernst nehmen. Es ist bezeichnend, daß diese Erklärung ausgerechnet in einem Karnevalslied auftaucht. Das Lied wurde wohl zu vorgerückter Stunde in einem der zahlreichen Nippeser Wirtshäuser getextet. Zur Information sei hier eingefügt, daß die letzte große Pestepidemie in den Jahren 1665 und 1666 wütete und etwa 10.000 Kölner dahinraffte. Die Zahl derjenigen, die in Nippes ihr Leben ließen, ist nicht bekannt geworden.

Abb. 2 Theodor Voswinckel, Gründer und erster Pfarrer der evangelischen Gemeinde Nippes von 1881– 1915.

- Gutshof Nippes, nip und Nep

Der evangelische Pfarrer Theodor Voswinckel veröffentlichte 1906 die *Denkschrift zur Feier des 25jährigen Bestehens der evangelischen Pfarrgemeinde Nippes.* Im ersten Kapitel schrieb er über die Geschichte von Nippes. Demnach hatte er sich auch, wie schon der Nippeser Verein für Volksbildung 25 Jahre zuvor, an den Leiter des Stadtarchivs Dr. Hermann Keussen[14] gewandt. Voswinkel schrieb u.a.: *„Der Name ‚Nippes', welcher, wie jeder Nippeser weiss, gar verschiedenen Deutungen unterliegt, stammt von einem Gutshof ‚Nippes'. Nach einer im städtischen Archiv befindlichen Karte vom Jahre 1650 lag dieser Bauernhof an der von Cöln nach Neuss führenden Neusserstrasse, ungefähr 20 Minuten vor dem Eigelstein–Tor".* Die Karte wurde von Voswinckel in einer Fußnote benannt: *„Delineatio der freyen Reichs Statt Cöllen am Rhein nebst Anmerkungen des Schweids oder Vieh–trifft, Wegen, Dorffern und Haussern."* Leider fügte er dem Text keine Abbildung der Karte oder eines Kartenausschnittes bei. Es dürfte sich jedoch

13 In: Programmheft zum Fastnachts–Divertissementchen am Sonntag, dem 4.2.1894, im Saale des Herrn Theod. Lärsch, veranstaltet von der Jünglings–Congregation Köln–Nippes.
14 Archivdirektor bis zum Jahr 1927.

sehr wahrscheinlich um die hier mit dem entsprechenden Ausschnitt abgebildete Karte gehandelt haben, auch wenn die Erscheinungsjahre voneinander abweichen. Tatsächlich muß die Karte nach 1693 angefertigt worden sein, denn erst in dem Jahr wurde die auf der Karte eingezeichnete Windmühle von Nippes gebaut.

Und weiter schrieb Voswinckel: „*Die Ableitung des Namens ‚Nippes' ist unsicher. Der vorgenannte Herr Stadtarchivar macht darauf aufmerksam, dass der Gutshof Nippes ursprünglich ‚Niphaus' bzw. ‚Nephaus' geheissen und einer vor langer Zeit in Cöln ansässig gewesenen Familie de Nepa gehört haben könne. Doch sei diese Ableitung nicht*

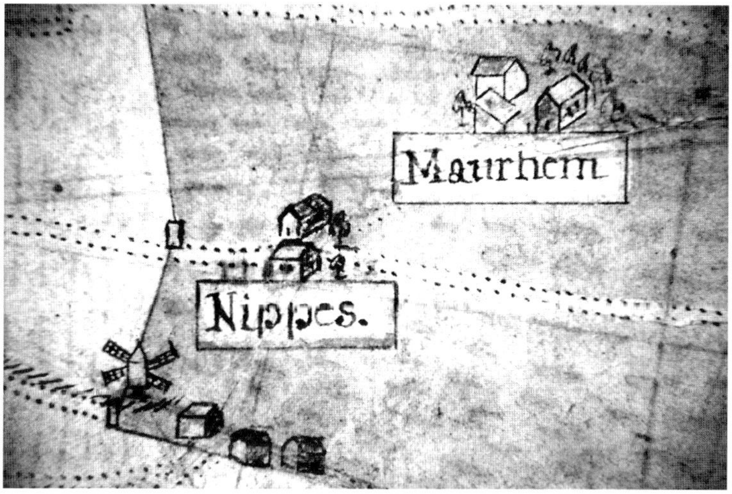

Abb. 3 Ausschnitt aus der Karte Delineatio der freyen Reichs Statt Cöllen am Rhein nebst Anmerkkungen des Schweids oder Viehtrifft, Wegen, Dorffern und Haussern, nach 1693.

nachweisbar; sie beruhe lediglich auf Vermutung. Immerhin habe ein Heinrich de Nepa im Jahre 1236 in der kleinen Budengasse, Ecke Goldschmied, ein Haus erworben, welches nach seinem Besitzer den Namen ‚ad Nepam' erhielt. Die Abkürzung der Endung ‚haus' in ‚es' finde sich in hiesiger Gegend häufig (Backes = Backhaus, Bräues = Brauhaus). Eine andere Herleitung des Namens Nippes von dem mittelniederdeutschen Wort ‚nip' (= nahe) scheine weniger Berechtigung zu haben. Der Name könne auch auf den Flurnamen ‚Nep', ‚Niep' zurückgehen, der in dieser Form als Ortsbezeichnung am Niederrhein mehrfach vorkomme. Wahrscheinlich habe der Hof den Namen seines ersten Besitzers getragen."[15]

Auch Herr Gunkel betrachtete den Gutshof Nippes an der Neusser Straße als die Quelle des Ortsnamens. Gunkel war Redner auf einer Ver-

15 *Der Text von Voswinckel fand sich noch einmal in einem Zeitungsartikel mit dem Titel Nippes im KLA vom 17.7.1910. Der Autor des Artikels machte keine neuen Aussagen zur Erklärung des Wortes Nippes.*

sammlung der Nationalliberalen Jugend in Köln–Nippes. Die hatte für Freitag, den 5.2.1909, abends 8 1/2 Uhr ins Vereinslokal *Restaurant Richarz* in der Cranachstr. 21 zur Hauptversammlung eingeladen.[16] Punkt 1 der Tagesordnung sah den Vortrag des Herrn Baumeister Gunkel aus Nippes[17] mit dem Titel: *„Die historische Entwicklung von Nippes, sowie Ideen und Entwurfskizzen für Eigenhausanlagen"* vor. Aus dem vom Stadt–Anzeiger über die Versammlung verfaßten Bericht[18] geht hervor, daß Gunkel sich auch zum Namen Nippes geäußert hatte. Er vermittelte, daß *„der Name des Vorortes wahrscheinlich von einem im 16. Jahrhundert zuerst genannten Gutshofe Nippes, der an der Ecke der jetzigen Mauenheimer und Neußer Straße lag"* stamme. Wie in dem Zeitungsartikel einleitend festgestellt wurde, hatte er seine Informationen für den gesamten Vortrag aus Aufzeichnungen eines früheren Stadtsekretärs, aus alten Verwaltungsberichten usw. Offen ließ Gunkel allerdings die Frage, was Nippes denn letztendlich bedeutet.

– Die Nippesfabrik und nochmals die Pest

Dreieinhalb Jahre nach der Veröffentlichung von Voswinckel erschien in der Sonntagsbeilage einer Kölner Tageszeitung ein Beitrag mit dem Titel: *„Nippes". Eine Plauderei.*[19] Der Autor blieb ungenannt. Inhalt seiner Plauderei war einzig die Beschäftigung mit der Frage zur Herkunft des Namens Nippes. Hören wir uns einmal die köstliche Plauderei an: *„‚Vorsichtig, zerbrechen Sie mir mein Nippes nicht!' sagt die besorgte Hausfrau, wenn sie ihr neues ‚Mädchen für alles' in der guten Stube mit Staubwedel und Staubtuch hantieren sieht. Das ‚Nippes' der guten Dame Colonia aber, das sie sich in schon vorgerückten Jahren noch zugelegt hat*[20]*, ist nun keineswegs sehr zerbrechlich und zart, sondern zuweilen recht widerstandsfähig. Ein artiges Püppchen oder Spielzeug will dies ‚Nippes' auch nicht sein, dem man als Spielzeug gelegentlich so ein ‚Autochen' oder ein Badewännchen verspricht. Nippes will ernst genommen, wie große Leute behandelt sein. Und es ist auch kein Kind mehr, ist bereits 50 Jahre und noch mehr alt, und zwar so alt, daß über die Herleitung seines Namens heute wohl niemand mehr Bescheid weiß. Das, was man sich darüber erzählt, darf man als amüsante Erzählung annehmen, aber der strenge Historiker wird wohl ernstlich die Denkerstirn hochziehen, wenn nicht gar in bezeichnender Bewegung mit dem Zeigefinger auf die Stirn tippen. Aber warum soll's*

16 KStA vom 4.2.1909.

17 Gunkel, Johs., Kommunal–Baumeister, Nippes, Leipziger Platz 9, Büro Nippes, Kuenstr. 7, Sprechstunde 11–12, Fernsprechverbindung: 4291. In: Grevens Kölner Adreßbuch von 1909.

18 KStA vom 11.2.1909.

19 Colonia, Sonntagsbeilage des KLA vom 12.12.1909, Nr. 50.

20 Die Eingemeindung von Nippes nach Köln erfolgte 1888.

nicht sein können! Tippen und Nippen reimt sich ja, und so gut wie man also diese beiden ‚ippen' zusammenbringen kann, kann man auch glauben, Nippes komme von nippen her. Die Kölner sind ja männiglich bekannt, daß sie schon einmal gerne nippen, und namentlich die alten Kölner verstanden das besonders gut, wenn sie ‚aufs Land' gingen. Vor der ‚Eigelsteiner Pooz' war man gleich ‚aufs Land', und nicht weit davon lagen auch schon an der verkehrsreichen Straße nach Neuß mehrere Höfe: der Conzenshof, Frengershof, Rüsselerhof, Mauenheimerhof und Halfenshof. Der Mauenheimerhof[21] lag in der Gegend zwischen der heutigen Baudristraße und der Mauenheimer Straße in Nippes. Dieser muß neben landwirtschaftlichen Zwecken auch der Einkehr der Fuhrleute usw. gedient haben; er soll – ich sage ‚soll' und verbürge mich für nichts – für 200 Pferde Unterstand gehabt haben. Mit dieser Einkehr war natürlich Gast– und Schenkwirtschaft verbunden, und mancher Fuhrmann mag hier wohl manchmal recht kräftig ‚genippt' haben. Und auch die Kölner kehrten hier bei ihren Wanderfahrten und Wallfahrten ein und ‚nippten' einmal. Dieses ‚Nippes' wird wohl auch die gastliche Stelle gewesen sein, wo Christian von Longerich sich einen auf die Lampe goß, als er sein Gretchen aus dem Halben Mond auf dem Eigelstein entführte und der Vater der Entführten in höchst eigener Person auf dem Bock des eigenen Wagens saß, der sein liebliches Töchterchen nach Longerich brachte. Doch das steht auch wieder in keiner Urkunde geschrieben. Dem Mauenheimer Hof gegenüber lag ein anderer kleiner Hof, der Halfenshof, den in der ersten Hälfte des vorigen Jahrhunderts ein Heinrich Lorenz Krämer gekauft hat. Er hat dort eine Porzellanfabrik errichtet. Das Terrain derselben zog sich von der Kappesgaß, der heutigen Florastraße, östlich bis zur Gartenstraße und südlich an der Neußerstraße bis zur Wilhelmstraße hin. An der Ecke Neußerstraße und Florastraße vulgo Kappesgaß stand in früheren Jahren ein Kreuz der Art, wie solche heute noch mehrere in der Niehler Gemarkung erhalten sind. Hier wurde dann auch, als Nippes selbständige Pfarrgemeinde geworden war, bei der Fronleichnamsprozession der Segen gegeben. Das Kreuz hat später bei Neubau des jetzigen Eckhauses weichen müssen, und der Segen wird jetzt bekanntlich an der Mündung der Einheitsstraße an einem transportablen Altar erteilt. Die von Krämer gegründete Porzellanfabrik, in der auch allerhand kleine Figürchen, ‚Nippes' hergestellt wurden, soll der allmählich erstandenen Ortschaft den Namen Nippes gegeben haben. Die Fabrik ist dann eingegangen, hat dreissig Jahre still gelegen, ist so um das Jahr 60 des

21 Zum Mauenheimer Hof siehe auch die Anmerkung 61 sowie den Beitrag in diesem Buch: Nippes, Knupp und Kirmes. Tatsächlich lagen der Contzen Hof, Frenger Hof und Rüsseler Hof nicht an der Neusser Straße, sondern an der Mauenheimer Straße.

vorigen Jahrhunderts von einer Firma Wirtz und Riffarth wieder eröffnet worden, später aber wieder eingegangen und nun gänzlich verschwunden.[22] *... Sei dem nun wie ihm wolle, die Porzellan- bzw. ‚Nippes'-Fabrik hat dort bestanden, und manche leiten von ihr den Ortsnamen Nippes her. Aber aller guten Dinge sind drei, sagt das Sprichwort. Und so sei denn zu den zwei Herleitungsversuchen noch ein dritter gebracht, oder eigentlich sind's doch noch zwei; beide nehmen Bezug auf die Pest. Es habe, sagt die eine Erklärung, in Köln wiederholt die Pest geherrscht, aber hierher sei sie nie gekommen und aus Nie=pes (Pest) sei Nippes entstanden. Die andere Erklärung sagt gerade umgekehrt, die Pest habe auch hier geherrscht und zwar so stark, daß nur ein Paar Menschen am Leben geblieben seien. Das kleine Oertchen habe bis dahin Nip geheißen und zur Erinnerung an die schreckliche Epidemie habe man dann noch die Silbe ‚pes' angehängt. Diese Erklärung klingt sehr gewaltsam; sie mag aber erwähnt werden. Entschieden mehr Anspruch auf Glaubwürdigkeit beanspruchen die zwei ersten Deutungsversuche, es sind aber auch nur Versuche."*

Der unbekannte Autor beendete seine Ausführungen mit der Aufforderung, sich dieser Frage weiter zu widmen: *„Es wäre für unsere Lokalhistoriker eine höchst verdienstliche Sache, Aufklärung in das Dunkel zu bringen, das über der Herkunft des Namens Nippes lagert."*

Dazu aufgerufen fühlten sich bis in die siebziger Jahre hinein weitere Nippeser, Kölner und andere Personen. Bevor ich zu ihnen komme, fasse ich die bisher vorgestellten acht Versionen kurz zusammen:

1. In Köln habe sich die Pest nie ausbreiten können, weil man die Erkrankten sofort in das in Nippes stehende Pesthaus brachte (Nippes = mundartlich: *Nie Pess*);
2. Nipphaus von *nippen*, in kleinen Schlückchen trinken;
3. In Nippes herrschte *nie die Pest*, deswegen flüchteten die Kölner hierher;
4. Gutshof an der Neusser Straße, der von einer Familien namens *de Nepa* geführt wurde;
5. *nip*, was z.B. im Mittelniederdeutschen nah bedeutet;
6. Flurname *Nep* oder *Niep*, der als Ortsbezeichnung am Niederrhein vorkommt;
7. Der Ursprung liegt in der Porzellanfabrik, die auch *Nippes* herstellte (Nippesfabrik) und
8. weil in dem Ort *Nip* nie Pest herrschte, hängte man die Silbe *pes* an *Nip*.

22 Über die von Engelbert Cremer 1793 begründete und später von Wirz & Riffart neu eröffnete Porzellanfabrik entsteht zur Zeit durch den Autor eine ausführliche Dokumentation.

– Herr Nepp oder Nipp gibt sich die Ehre

Der nächste Wortforscher trat in der Person des Lehrers, Heimatforschers und Chronisten Kölner Familien Peter Paul Trippen auf.[23] Er lebte einige Jahre in Nippes. Bekannt wurde er auch durch seine in den Jahren 1920 und 1921 in der Öffentlichkeit ausgetragene Diskussion mit dem schon als Buchautor erwähnten Pfarrer Peter Schreiber zu der Frage: *„Darf die neue Siedlung am Nordfriedhof Mauenheim genannt werden?“*[24] In den Zeitungsbeiträgen der Genannten wird aber zu der hier behandelten Frage nichts erwähnt. Erst im Jahr 1927 trat Trippen mit seiner Erklärung zum Wort Nippes an die Öffentlichkeit. In seinem Vortrag mit dem Titel *Die alte Herrlichkeit Mauenheim (Nippes)*, gehalten am 9.11.1927 im Heimatverein Alt–Köln, vertrat er die Meinung, *„daß die Entstehung des Namens Nippes wohl von dem Pächter des Nippeshofes, der ein Mann mit Namen Nepp gewesen war, herzuleiten sei.“*[25] Trippen ging in seinem im gleichen Jahr erschienenen Aufsatz *Geschichtliches aus dem alten Mauenheim*[26] noch einmal auf seine Nippes–Theorie ein und wischte gleichzeitig alle anderen bis dahin verbreiteten Meinungen energisch vom Tisch: *„Der dritte Hof in Mauenheim (heutiger Besitzer Th. Durscheidt)*[27] *, hat dem nordlichen Vorort von Köln zu dem Namen Nippes verholfen. ... Ein Pächter dieses Hofes muß den Namen Nepp geführt haben, denn schon 1558 wird der Hof ‚Neppshof‘ genannt, den ein gewisser Tillmann Lorner in Pacht hatte. Zwei Jahre früher (1556) ist uns auch schon ein ‚Neppswirt‘ bezeugt, der Johann von Wermelskirchen hieß.*[28] *Das Haus des Neppswirten lag Ecke Neußer– und Mauenheimer Straße. Die Nachsilbe ‚es‘ bedeutet in der Kölner Gegend u.a. auch Haus; so z.B. Backes = Backhaus, Bräues = Brauhaus, Duffes = Taubenhaus, Schlaachtes = Schlachthaus. Mithin bedeutet Neppes oder Nippes nichts anderes als das Haus des Nepp oder Nipp. Alle anderen Erklärungen für die Entstehung des Namens Nippes müssen als abwegig und zu gesucht abgelehnt werden, zumal der Name Nippes als Gutshofbezeichnung im Rheinlande noch mehr vorkommt. Zudem ist es allgemeiner Brauch einen Gutshof nach dem Namen des Pächters oder Besitzers weiter zu benennen, wenn auch schon längst der Träger eines anderen Namens als Gutsherr in den betreffenden Hof eingezogen ist. So finden wir denn auch, daß um 1660 ein gewisser Heinrich Herger als ‚Nippes Halfmann‘ bezeichnet wird.*[29] *Ja, noch im 18. Jahrhundert, als die Familie Frenger Pächter des Nippeshofes war, wird er in den Niehler Kirchenbüchern weiter als*

23 Ein Porträt Trippens einschließlich einer Bibliographie seines Gesamtwerkes ist durch den Autor in Vorbereitung.

24 Trippen sprach sich in dieser Auseinandersetzung für den Namen Köln–Nordheim und gegen den Vorschlag Schreibers aus, der seinen Vorschlag Mauenheim hartnäckig verteidigte. Letztlich setzte sich Schreiber durch. Auf diese für die Geschichte der Herrlichkeit Mauenheim und damit für Nippes höchst informativen Beiträge von Trippen und Schreiber machte ich die Vertreter der Geschichtswerkstatt Mauenheim aufmerksam. Siehe: Mauenheim – Die Namensgebung, in: Köln–Mauenheim, Ein Geschichtsbild in Bildern und Geschichten, 1993, 1. Aufl., S. 45 ff.

25 In: KStA vom 14.11.1927, Nr. 576, 2. Blatt der Morgenausgabe. Das Manuskript des Vortrages ließ sich nicht finden. Auch die Zeitschrift des Heimatvereins Alt–Köln gab den Inhalt des Vortrages nicht wieder, obwohl er in der Vereinsschrift vom 25.10.1927 angekündigt worden war.

26 In: Mauenheim einst und jetzt, Eine Heimatschrift, Festschrift zur Einweihung der St. Quirinuskirche zu Köln–Mauenheim, hg. von Peter Schreiber, Reklameverlag J. Hüll/Köln, Geleitwort vom 18.12.1927, S. 4 ff. Mit Beiträgen von Peter Paul Trippen, Peter Schreiber, Theodor Bützler, Dr. Konrad Adenauer, Dr. Anton Heinen, Jakob Kneip, Georg Wagner, Franz Kreutz und Eduard Endler.

27 Gemeint ist der Altenberger Hof.

Nippeshof genannt, obgleich damals schon der Name Nippes einen ganz bestimmten Wohnbezirk innerhalb der Herrlichkeit Mauenheim bezeichnete."

Trippen erklärte also unmißverständlich, daß der Altenberger Hof Mitte des 16. Jahrhunderts auch Neppshof genannt wurde. Demnach mußte irgendwann zuvor ein Pächter dieses Hofes Nepp geheißen haben. Zur gleichen Zeit, also Mitte des 16. Jahrhunderts ist ein Neppswirt dokumentiert, der sich, so nahm Trippen an, direkt an der Neusser Straße an der Einmündung der Mauenheimer Straße niedergelassen hatte. Diese Wirtschaft des Johann van Wermßkirchen stand demnach in einer Beziehung zu dem Neppshof, also dem Altenberger Hof.

– Weißhaus und Schwarzhaus

Obwohl Trippen sehr bestimmend auftrat und vermittelte, er habe die Lösung des Rätsels gefunden, tauchten in den folgenden Jahrzehnten weitere Erklärungsvarianten auf. Eine, die bisher in der Literatur über Nippes noch nie dargestellt worden ist, stellte W. Kaspers 1941 seinen Lesern vor.[30] Er schrieb u.a.: *„Auch die Namen Nippes und Weißhaus gehören inhaltlich zueinander und zwar, wie der Gang der Untersuchung erweisen wird, gegensätzlich."* Mit dem Weißhaus meinte er das Gut im südwestlichen Kölner Stadtgebiet. Dieses ehemalige Hofgut der Benediktiner von St. Pantaleon und spätere Wasserschlößchen steht auch heute noch unter diesem Namen in Köln-Sülz an der Luxemburger Straße mit der Hausnummer 201 (Nähe Weißhaus-Kino). Mit der „gegensätzlichen" Zueinandergehörigkeit meinte Kaspers: *„Am ansprechendsten erscheint mir, von nip ‚Dunkelheit, Nebel, Wolke' zu nipan ‚dunkeln, sich verfinstern' auszugehen. ... , so dürfte in dem Ortsnamen eine das Aussehen des Ortes kennzeichnende Bedeutung entstanden sein, etwa ‚Dunkel-, Schwarzhaus.'"* Im weiteren Verlauf seiner Darstellung gab Kaspers weitere Beispiele für die gegensätzlichen Ortsnamen (schwarz und weiß), die in einer relativen Nähe zueinander lagen. Nach seiner Version bedeutet Nippes also, im Gegensatz zum Sülzer Weißhaus, das Dunkel- oder Schwarzhaus.

28 Leider machte Trippen keine Quellenangaben. Bis heute konnte ich die Urkunde von 1558 mit der Nennung des Neppshof nicht auffinden. Dagegen läßt sich der Neppswirt, wenn auch in anderen Schreibweisen, wiederholt nachweisen: 1560 als Johan von Wermerszkirch, Nepis wirt, und 1556 als Johan von Wermerschkirchen, Neps wirtt. In: Deutsche Rechtsquellen des Mittelalters, Hermann Wasserschleben, Leipzig 1892, S. 197 und S. 193. Die erste Nennung von Johann van Wermßkirchen, wyrt am nippis, erfolgte in der bereits genannten Urkunde von 1549. Siehe auch Anm. 7.

29 Trippen bezog sich hier möglicherweise auf die Akten des Stiftes St. Kunibert, die sich im HAStK befinden. Zum Beispiel läßt sich unter der Signatur Kun A 11g unter dem Datum vom 2.1.1660 im Text der Hinweis auf den Nippeshalfmann in Maulenheimb finden.

30 Ortsnamenkundliches aus dem Rheinland, von W. Kaspers, in: Zeitschrift für Namen-Forschung, Band XIX, Hg. Joseph Schnetz, Ahnenerbe-Stiftung-Verlag, Berlin 1943, S. 164 ff.

– Nep soll eine Anhöhe sein

Hermann Hinsenkamp, Dechant und Pfarrer von St. Marien hier in Nippes von 1940 bis 1956, veröffentlichte in einer 1949 erschienenen Festschrift[31] den Aufsatz *Die geschichtliche und kirchliche Entwicklung von Köln–Nippes, insbesondere der Pfarrgemeinde St. Marien.* Hierin gab der nicht genannte Autor (vermutlich Hinsenkamp) hinsichtlich der Bedeutung des Wortes Nippes zunächst den Hinweis auf die schon bekannte Ableitung vom Verb *nippen.* Daran anschließend stellte er eine neue Variante vor. Er schrieb: *„Vielleicht kommt der Name auch von nep = Anhöhe. Liegt ja der Hof auf einer kleinen Bodenerhebung, weshalb es auch heute noch im Volksmunde heißt: am Neppes, nicht em Neppes (om = auf dem).“* Der Autor meinte hier den *„Gutshof mit Schankwirtschaft links an der Neusser Straße, ungefähr hinter der Mauenheimer Straße“* und verwies dabei auf die Karte von 1650 bzw. 1693 (siehe Seite 15). Ob man hier an dieser Stelle allerdings von einer Anhöhe sprechen konnte, wage ich zu bezweifeln. Warum der Autor das Wort *om* erläuterte, obwohl er es gar nicht verwendete, ist auch nicht ganz klar. Möglicherweise hat sich hier bei dem Wort *am* ein Druckfehler eingeschlichen. Richtig sollte es wohl heißen: *om.* Leider ließ der Autor im dunkeln, in welchem Sprachraum und zu welcher Zeit *nep* Anhöhe bedeutete.

Ob der Autor selber recherchiert hatte oder ob die Anhöhen–Theorie von Peter Schreiber stammte, ist ungewiß. Denn Dr. Anton Kreyes, Lehrer am Nippeser Gymnasium in der Blücherstraße von 1905 bis 1947, verbreitete 1953[32]: *„So könnte Herr Pfarrer Schreiber von Mauenheim, der mit der Heimatgeschichte sehr vertraut ist, auf dem richtigen Weg sein, wenn er sagte: ‚Nep ist ein altdeutsches Wort und bedeutet Höhe, eine höher gelegene Stelle. Nippes ist Nepp– oder Nipphaus, Höhenhaus.‘“* Kreyes unterstützte die Meinung Schreibers: *„In der Tat liegt der alte Teil von Nippes nebst Mauenheim am erhöhten Rande oder Ufer eines alten Rheinarmes, der sich durch Florastraße– und Mauenheimer Straße östlich der Merheimer Straße nach Norden erstreckte.“* Schreiber und Kreyes ließen allerdings offen, wo dieses Höhenhaus gestanden haben soll. War es einer der Mauenheimer Höfe oder das Haus/Wirtshaus an der Einmündung der Mauenheimer Straße in die Neusser Straße? Die Version Schreibers zur Bedeutung des Namens Nippes, die bis dahin wahrscheinlich nur mündlich vertreten worden war – eine schriftliche Veröffentlichung ließ sich nicht finden–,

31 *100 Jahre St. Marien in Köln–Nippes, Festschrift zum 100jährigen Bestehen von Hermann Hinsenkamp, Köln–Nippes 1949, S. 9 ff.*

32 *Unser Schulort Nippes – Einst und Jetzt, in: Festschrift zum 50jährigen Bestehen des Gymnasiums Nippes, 1953, S. 13 ff.*

tauchte in den dann folgenden Aufsätzen mit historischen Inhalten über Nippes immer wieder auf.[33] Aber auch alle anderen bis dahin bereits publizierten Versionen wurden in der Folgezeit weiter verbreitet, je nachdem mit welcher Quelle der Autor gerade gearbeitet hatte.

– Der Weiher Nippes

Eine noch vor Kreyes und vor 1953 veröffentlichte Meinung sah Nippes als den Namen für den ehemals hier vorhandenen Weiher an. Dr. Karl Peusquens schrieb u.a.: *„Im Jahr 1252 verkauft der Kölner Hermann Kloering seinen Hof ‚Ahm Nippes geheißen', gelegen in der Herrschaft Mauenheim, an einen Kölner Heinrich, genannt Fermentarius, d.h. Brauer. Ein andermal wird der Hof ‚ahm Weiher zu Mauenheim' genannt. Danach scheint ‚Nippes' der alte Name dieses Weihers gewesen sein."*[34]

Auch Peusquens unterließ es, wie übrigens die meisten anderen Autoren auch, bei seinen Zitaten die Quellen zu benennen. Dies ist ein erheblicher Nachteil, nicht nur für alle, die den Text im Zusammenhang lesen möchten, sondern auch für diejenigen, die eine Aussage einer Überprüfung auf ihre Richtigkeit hin unterziehen möchten. Peusquens vermittelte im ersten Satz, daß ein Hof in einer Urkunde von 1252 *ahm Nippes* genannt wurde. Tatsächlich fand ich in der vermutlich benutzten Urkunde, die in lateinischer Schrift verfaßt ist, diese Aussage nicht bestätigt[35]. Das Wort *Nippes* kommt in ihr nicht vor. Und weil der vermeintlich gleiche Hof an anderer Stelle angeblich *ahm Weiher zu Mauenheim* genannt wurde, schloß er kurz und behauptete, diesen Weiher nannte man *Nippes*.

– Das weiße Türmlein

Adam Wrede brachte 1958 den zweiten Band seines Werkes *Neuer kölnischer Sprachschatz* heraus.[36] Unter *Neppes* vermerkte er: *„1551 by der Nuysser straessen van Collen nach dem Nipes (1583) Neppes, anscheinend ursprünglich eine bauliche Anlage im Gelände nördlich von Köln vor dem Eigelsteinstor im Bereich des alten Fronhofes Mauenheim (...), 1753 onweit dem weisen (!) türnlein oder Nips in der Gegend, wo man nacher (nach) Mühlheim zu gehen pflegt, 1773 zu*

33 *Z. B.: Unser Vorort Nippes im Wandel der Jahrhunderte, von Christine Römlinghoven, in: 50 Jahre Katholische Volksschule Ossendorfer Straße, Köln-Nippes, 1954, S. 3 ff., und: Unsere Ortsgeschichte. Von Pfarrer Heinrich Josef Dahmen, in: Festschrift zur Eröffnung der katholischen Pfarrgemeinde St. Heinrich und Kunigund, Köln-Nippes am 22.3.1959, ohne Seitenangaben.*

34 *Riehl in der Pfarre Nippes 1859 – 1900, in: Köln-Riehl, Geschichte des Vorortes und der Pfarrgemeinde, I. Teil, von Dr. Karl Peusquens, Köln, 1950, Luthe-Druck, S. 60.*

35 *Urkunden des Stiftes St. Kunibert, Kun. 1/63 von 1252, in: HAStK.*

36 *Neuer kölnischer Sprachschatz, Prof. Dr. Adam Wrede, Bd. 1 A–J, 1956, Bd. 2 K–R und Bd. 3 S–Z, 1958, Greven Verlag Köln, Neppes in den Spalten 226 f.*

Abb. 4 Ausschnitt aus dem Blatt Köln von 1807/08 der Kartenaufnahme der Rheinlande durch Tranchot und von Müffling 1803–1820. Das Gebäude Schorenstein lag nach dieser Karte an der Kreuzung Niehler Str./Florastraße.

Nipes ahm weißen Schorenstein. Der Nippes, Neppes, Nips, Nipes ist also eine bauliche Anlage gewesen. Man konnte am Neppes, Nips, am weißen Schorenstein trinken; anscheinend war dort eine Brauerei für Knupp, untergäriges Braunbier mit einer Malzdarre, einer baulichen Anlage, die durch ihren über das Dach ragenden weiten Dunstschlot äußerlich gut erkennbar war und in ihrer Gegend ein Wahrzeichen bildete. ...“ Wrede hatte die Zitate aus den Jahren 1551 und 1753 von Hermann Keussen übernommen.[37] Die Quellen der Zitate aus dem Jahr 1733 *zu Nippes ahm weißen Schorenstein* und 1583 *Neppes* sind leider nicht erwähnt.[38] Der Ausschnitt aus einer Karte von 1807/08 zeigt

37 Hermann Keussen, Topographie der Stadt Köln im Mittelalter, Zweiter Band, 1910, P. Hansteins Verlag, Bonn, S. 325. Richtig zitiert: „1551 Land by der Nuysser straessen, dair man van Collen nach dem Nipes (1583 Neppes) geit.“ Nach dem Wyrt am Nippes aus dem Jahr 1549 ist dies die zweite Nennung von Nippes in historischen Dokumenten.

38 Bei Wrede (siehe Anm. 36) unter Knupp, S. 66, aufgeführt. Die Quelle ist aber auch hier nicht angeführt.

uns die Lage des Gebäudes *Schorenstein*, das an der Kreuzung der Niehler Straße mit der Florastraße stand. Von hier aus führte tatsächlich ein Weg in Richtung Rheinufer gegenüber dem jenseitigen Ort Mülheim, wie alte Karten belegen. Amtlicherseits hieß er auch tatsächlich so: *Nippes–Mülheimer Pfad.*[39]

Wrede vermutete also hinter den gleichbedeutenden Worten *Nippes, Nips, Nipes* eine bauliche Anlage im Gelände nördlich von Köln im Bereich der alten Herrlichkeit Mauenheim, ohne allerdings auf die tiefere Bedeutung der Worte einzugehen. Für ihn war *Nippes* eine Brauerei samt Wirtschaft mit einem weißen Türmlein und der dazugehörenden Malzdarre.[40/41]

– Das kleine Haus an der Neusser Straße

Hans Schmitt-Rost[42], der seine Kindheit und Jugend in Nippes verbracht hatte, gab als *Schmitz der Stadtstreicher* in seinem gleichnamigen Buch den Hinweis auf eine weitere Erklärung für die Bedeutung des Wortes Nippes. Er schrieb: *„Der alte Professor Kuske hat vor Jahren ausgetiftelt, woher der bis dato nicht zu erklärende Name ‚Nippes' kommt. ‚Nipp' bedeutete im Mittelalter klein, ‚es' steht für Haus, so daß Nippes ursprünglich ein kleines Haus an der Landstraße gewesen wäre. Egal, ob es stimmt. Aber es paßt.“*[43] Leider gab Schmitt-Rost keinen Hinweis auf die Quelle der Nippes-Variante von Kuske. In welchem seiner zahlreichen Werke Kuske seine Erklärung für Nippes gegeben hatte, konnte ich bisher nicht herausfinden. Obwohl ich mir die Mühe machte, in einem Großteil seiner Arbeiten nachzulesen, blieb mir die von Schmitt-Rost nur angedeutete Fundstelle verborgen. Möglicherweise erhalte ich aus dem Kreis der Leser darauf noch den entscheidenden Hinweis.

– Nippes ist ein Höhenhaus

Peter Schreiber trat 1962 mit seinem jetzt erweiterten Geschichtsbuch, das er bereits 1927 in erster Auflage herausgegeben hatte, erneut an die Öffentlichkeit.[44] Die von Hinsenkamp 1949 erstmalig schriftlich verbreitete Erklärung *nep = Anhöhe* und die von Kreyes 1953 vermutlich nach Schreiber zitierte Erklärung, *Nep = Höhe, Nippes ist Nepp– oder*

39 *Über die Wege, Straßen und Plätze in Nippes erscheint ein weiterer Band dieser Buchreihe.*

40 *Das Nippes ein Turm sein könnte, ist auch notiert in: Rheinische Flurnamen, bearbeitet von H. Dittmaier, Ludwig Röhrscheid-Verlag Bonn, 1963, S. 372, unter „VII. Haus und Siedlung, 1. Benennung nach Gebäuden: ... Nippes (Turm?); ... “ Wahrscheinlich von Wrede übernommen.*

41 *Siehe auch den Beitrag Nippes, Knupp und Kirmes in diesem Buch.*

42 *Über Hans Schmitt-Rost siehe Band 2 dieser Buchreihe: Glückliche Jahre, Kindheitserinnerungen von Lis Böhle, Köln-Nippes, 1995, S.90 ff.*

43 *Schmitz der Stadtstreicher, Hans Schmitt-Rost, Societäts-Verlag, Frankfurt, 1970, S. 160.*

44 *Mauenheim einst und jetzt, Ein Beitrag zur Geschichte von Köln-Nippes, Eine Heimatschrift in zweiter, erweiterter Auflage, verfaßt von Peter Schreiber, Pfarrer I. R., 1962, Verlag Luthe-Druck Köln. Siehe Anm. 26.*

Nipphaus, Höhenhaus, führte Schreiber im vorgenannten Buch nun selber und etwas präziser aus. Zuvor verwies er noch einmal auf die Version von Trippen, nach der Nippes auch von dem Familiennamen *Nep* oder *Nipp* abzuleiten sei: *„Hier könnte man die schon oft erörterte Frage anschließen, was der Name Nippes eigentlich bedeutet und woher er stammt. War er ursprünglich der Name des vorhin genannten Nippeshofes* (gemeint ist der Altenberger Hof, der Autor), *oder aber ursprünglich eine Ortsbezeichnung für die Gegend, in der sich das Wirtshaus ‚om Nippes' befand? Nehmen wir einmal Ersteres an, so müßte man fragen, woher der Hof seinen Namen hat, etwa von einem früheren langjährigen Pächter, der vielleicht Nep oder Nipp geheißen hat, woraus dann unter der Hinzufügung der Silbe ‚es' als Abkürzung vom Worte Haus – z.B. Backes von Backhaus – der Eigenname Nippes entstanden wäre? Oder liegt es nicht näher, unter Berücksichtigung der Höhenlage des Hofes – man betrachte ihn einmal von Norden, etwa vom Niehler Kirchweg aus – seinen Namen Nippes als ‚Höhenhaus' zu deuten? Bedeutet ja nach M. Lexer (‚Mittelhochdeutsches Taschenwörterbuch') das Zeitwort ‚neppen' soviel wie: hervorstehen machen, mit etwa Erhöhtem besetzen."*[45]

Schreiber favorisierte demnach die Erklärung von Nippes als dem *Haus auf der Höhe*, abgeleitet von dem Verb *neppen*, und nicht, wie von Kreyes zunächst vermittelt, von einem Substantiv *Nep*, was angeblich soviel wie Höhe, höher gelegene Stelle heißen soll.[46] Die zuletzt genannte Ableitung breitete sich aber in der Folgezeit bis heute aus. So heißt es in der vom Presse und Informationsamt der Stadt Köln zur Pressekonferenz aus Anlaß der Eröffnung des neuen Bürgerzentrums im Altenberger Hof am 16.6.1996 herausgegebenen Informationsmappe: *„Die erste urkundliche Erwähnung stammt von 1253, ab 1551 ist der Name Nippeser Hof verbürgt, der sich von der exponierten Lage auf einem Hügel = Nipp, Nepp, ableitet."*[47]

Abb. 5 Pfarrer Peter Schreiber, der ab 1912 in St. Marien, Köln-Nippes, und ab 1920 bis zu seinem Ruhestand 1961 in St. Quirinus, Köln-Mauenheim, tätig war.

– Der verlandete Rheinarm

Mit der von Schreiber vermittelten Erklärung war die Diskussion um die wichtigste Frage zur Nippeser Geschichte im wesentlichen beendet. Nur noch einmal unternahm ein nicht genannter Autor eines Zeitungsartikels einen zaghaften und ohne Quellenangabe versehenen Versuch, eine weitere Variante zur Bedeutung des Ortsnamens Nippes beizu-

45 Richtig: Mittelhochdeutsches Handwörterbuch, Dr. Matthias Lexer, Zweiter Band. N–U. (1873–1876). Leipzig, Verlag von S. Hirzel, 1876. Dort heißt es in Spalte 56: „Neppen swv. hervorstehen machen, mit etw. erhöhtem besetzen Ms. vgl. nappen, noppen." (Swv = schwaches Verb.)

46 Das Wort Nep, Nepp oder Nipp mit der Bedeutung Höhe, Anhöhe ließ sich von mir in keinem Wörterbuch finden.

47 Es ist nicht erwiesen, daß der Name Nippeser Hof schon seit 1551 verbürgt ist. Wir erinnern uns, 1551 ist bei Keussen die Rede von Nipes (siehe Anm. 37), ohne das aber Klarheit über die Bedeutung besteht.

steuern.[48] Er schrieb, nachdem er andere, hier bereits vorgestellte Theorien, wie z.B. die Nippesfabrik und das Höhenhaus, vermittelt hatte: *„Eine weitere Erklärung, die mit der von Pfarrer Schreiber nicht in Widerspruch zu stehen braucht, besagt, daß man das angeschwemmte, später versandete Gebiet eines toten Rheinarmes als Nippes bezeichnete.“*

Damit habe ich nun alle mir bekannt gewordenen Erklärungsversuche zur Bedeutung des Namens Nippes vorgestellt. Ich fasse sie hier noch einmal zusammen:

1. In Köln habe sich die Pest nie ausbreiten können, weil man die Erkrankten sofort in das in Nippes stehende Pesthaus brachte (Nippes = mundartlich: *Nie Pess*);
2. Nipphaus von *nippen*, in kleinen Schlückchen trinken;
3. In Nippes herrschte *nie die Pest*, deswegen flüchteten die Kölner hierher;
4. Gutshof an der Neusser Straße, der von einer Familie namens *de Nepa* geführt wurde;
5. *nip*, was z.B. im Mittelniederdeutschen nah bedeutet;
6. Flurname *Nep* oder *Niep*, der als Ortsbezeichnung am Niederrhein vorkommt;
7. Ursprung liegt in der Porzellanfabrik, die auch *Nippes* herstellte (Nippesfabrik);
8. Weil in dem Ort *Nip* nie Pest herrschte, hängte man die Silbe *pes* an *Nip*;
9. Der Pächter des Altenberger Hofes (Nippeshof) hieß *Nepp*;
10. Nippes bedeutet *Dunkel- oder Schwarzhaus*, im Gegensatz zum Weißhaus;
11. Nippes von *Nep*, was Höhe, Hügel bedeuten soll;
12. *Nippes* wurde der Weiher genannt;
13. *Nipes, Nips, Neppes, Nippes* sind Namen für eine ehemals hier vorhandene bauliche Anlage;
14. *Das kleine Haus* an der Neusser Straße;
15. Nippes von *neppen*, was letztlich Höhenhaus bedeuten soll und
16. Nippes ist ein *verlandeter Rheinarm*.

Mit diesen sechzehn Erklärungen ist die Verwirrung über *Nippes* in Nippes, in Köln und anderswo groß. Auf den folgenden Seiten werde ich versuchen, die Konfusion ein wenig aufzulösen und mich der richtigen Antwort auf die Ausgangsfrage zu nähern.

48 *Nippes blieb lange Zeit ein unentdecktes Neuland, in: KStA vom 6.12.1973, Nr. 283, Verlagsbeilage.*

Der kleine Unterschied: Nippes und am Nippes

Bei der Sichtung zahlreicher schriftlicher Quellen fiel mir auf, daß alle Nippes-Interpreten eines gerne vernachlässigt bzw. zum Teil nicht richtig zitiert hatten. In den alten Urkunden und Akten hieß es nämlich immer wieder *am Nippes* und nicht *in Nippes* oder nur *Nippes* und schon gar nicht *om Nippes*, wie es Schreiber vermittelt hatte. Schreiber war es ja, der auf eine Urkunde aus dem Jahr 1549 hingewiesen hatte, in der angeblich die Rede von dem *Wirt om Nippes* war.[49] Tatsächlich steht in der Urkunde aber nicht *om Nippes* sondern *am Nippes*, wie die Abbildung der entsprechenden Passage in der Urkunde deutlich zeigt.

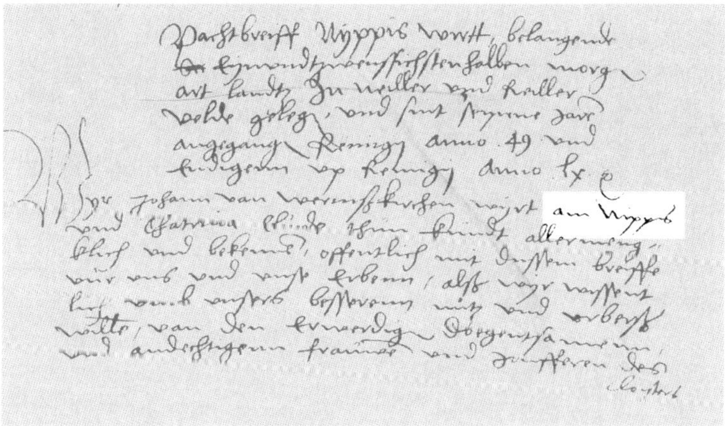

Abb. 6 Ausschnitt aus der Urkunde vom 30.9.1549. Nicht om heißt es hierin, sondern am Nippes: „Wyr Johann van Wermßkirchen wyrt am Nippis ...“

Genau diese Ortsbezeichnung *am Nippes* läßt sich in allen vorliegenden Quellen beinahe ausnahmslos von der hier vorgestellten Urkunde von 1549 bis in die Mitte des 19. Jahrhunderts nachweisen. Hier die Zusammenstellung einiger Beispiele:

1549: *„Wyr Johann van Wermßkirchen wyrt am Nippis und Catrina Elvide thun kundt ...“*,

1571: Kloster Altenberg verpachtet *„24 Morgen an Geyß Assemacher am Nibes und Kathrinchen; ...“*[50],

1667: Kloster Altenberg erhielt *„Von Johan Esser ahm Nippes 8 Reichstaler.“*[51],

1672: *„... das häuffige auslaufen nach dähm außwendig am Nippes gelegenen bekännten Bierhaus ...“*[52],

1691: *„... das landt ... am nippes bekommen ...“*[53],

49 *Mauenheim einst und jetzt, Ein Beitrag zur Geschichte von Köln-Nippes, Peter Schreiber, Verlag Luthe-Druck Köln, 1962, 2. Aufl., S. 25 f.*

50 *Urkundenbuch der Abtei Altenberg, Hans Mosler, Band II von 1400-1803, S. 414.*

51 *Ebenda, S. 542.*

52 *HAStK, Ratsprotokolle, Buch Nr. 119, S. 335 ff.*

53 *Hsta Dssd, Bestand Altenberg, Akte 75, S. 18.*

1712: „... starb der Ehrsamen Joannes Theodorus Hauser, gewesener Wirt am Nippes under den Linden, seines Alters 46 Jahr.“[54],
1764: *„... daß die curcölnischen Husaren am Nippes ...“*[55],
1781: *„... Ferdinand Welter am Nippes ...“*[56],
1784: *„... als der Postillion am Nippes war, ...“*[57],
1790: *„... die Nolenhöfe am Nippes ...“*[58],
1797: *„... zu Mauenheim am Nippes ...“*[59],
1817: *„Den 6. Oktober ist Markt bei Wilhelm Welter am Nippes...“*[60],
1820: *„... Mauenheimer Hof am Nippes.“*[61]

Auch die Nippeser Kirmes fand immer *am Nippes* statt, und die Inhaber der Nippeser Wirtschaften entlang der Neusser Straße informierten den Zeitungsleser darüber, daß sie *am Nippes* und nicht in Nippes zu finden waren.[62] Die Menschen wohnten oder waren *am Nippes* und auch die Nolen Höfe, später Contzen Höfe genannt, die zu den Mauenheimer Höfen gehörten, standen *am Nippes*, wie unter der Jahreszahl 1790 in der vorstehenden Zusammenstellung hervorgeht.[63] Dieses kleine Verhältniswort *am* wies auf irgend etwas sehr Bedeutendes und Markantes hin, was hier in der Landschaft an der Mauenheimer Straße und Florastraße stand oder lag und die Menschen früher bewog, darauf hinzuweisen, sich darauf zu beziehen. Diese lokale Präposition *am* war für die Wohngegend Nippes innerhalb der Herrlichkeit Mauenheim des Stiftes St. Kunibert, die bis zu der 1802 beginnenden Säkularisation bestand, und ebenso für die noch folgenden Jahrzehnte unter preußischer Herrschaft, kennzeichnend. Noch in einer Anzeige der Kölnischen Zeitung vom 31.9.1866 hieß es u.a.: *„Tivoli am Nippes. Nippeser Kirmeß. Großes Tanz-Vergnügen.“* Und 1894 erinnerten die Nippeser in einem Karnevalslied (siehe Seite 14) an dieses *am Nippes*. Darin hieß es in der zweiten Strophe:

„Trotzdemm uhz jede Kölsche, Dä wonnt ‚am Neppes‘ saag
dä Name dunn vermölche, Se un et weht gelaach, ...“

Auch wenn dieser Hinweis auf die ursprüngliche Wohnplatzbezeichnung nicht unmittelbar zur Klärung der Bedeutung des Wortes führt, so läßt sich doch eines daraus schließen: *Nippes* war hier in der Gegend irgend etwas, ein Etwas, was hier lag oder stand. Aber was?

Und noch etwas soll einmal hervorgehoben werden: Die Schreibweise des Wortes Nippes variierte. Zu den bereits zitierten Varianten

54 Inschrift eines Grabsteines auf dem alten Niehler Kirchhof. In: Niehl – Vom Fischerdorf zum Kölner Industrie-Vorort, Robert Christ u. Josef Dollhoff, J. P. Bachem Verlag, Köln, 1989, S. 82 f. und: Die alten steinernen Grabkreuze im Kölner Raum. Eine Typenuntersuchung, Karlheinz Fischer, Diss. Darmstadt 1956, S. 173. Dort aber zitiert: „... Joannes Theodorus Hauser, geweszener wirdt am Nippes, ...“ Heute läßt sich die Inschrift aufgrund fortgeschrittener Verwitterung fast nicht mehr lesen.
55 Siehe Anm. 50, S. 25.
56 Hsta Dssd, Bestand Kurköln XIII, Gerichtsprotokoll von Mauenheim von 1752–1797, S. 156.
57 Die rheinische Dorfchronik des Joan Peter Delhoven aus Dormagen 1783–1823, herausgegeben von Dr. Hermann Cardauns und Dr. Reiner Müller, Dormagen 1967, S. 16.
58 Ebenda, S. 63.
59 Verzeichnis der stadt-kölnischen Einwohner, nebst Bemerkungen..., Kölln 1797. Gedruckt bey Thiriart und Compagnie.
60 KöZ vom 6.10.1817.
61 Hsta Dssd, Bestand Reg. Köln III, Acta betreffend die Verpachtung des Mauenheimer Hofes am Nippes. Aus dieser Akte und auch aus weiteren Quellen geht hervor, daß der Mauenheimer Hof eine große Hofanlage an der Neusser Straße, Ecke Einheitstraße bzw. Mauenheimer Straße war und südlich bis etwa zur Einmündung der Baudristraße in die Neusser Straße reichte.
62 Siehe hierzu den Beitrag Nippes, Knupp und Kirmes.
63 Auch der Altenberger Hof gehörte zu den Mauenheimer Höfen.

Nippis, Nibes, Nipes, Nips, Neppes lassen sich weitere hinzufügen: *Nieppes* (1650)[64], *neipes* (1749)[65] und *Niepis* (1831)[66]. Zurückzuführen ist dies auf die über viele Jahrhunderte nicht geregelte Rechtschreibung. Man schrieb, wie man hörte bzw. mundartlich sprach. Erst 1901 vereinbarte man für das ganze deutsche Sprachgebiet eine verbindliche und einheitliche Orthographie.

Die Frage aber bleibt: Was war ein *Nippes*? Hier vor Ort ließ sich die Antwort nicht finden. Keine der zahlreichen Deutungen war zweifelsfrei. Also machte ich mich auf den Weg von Nippes in Köln nach Nippes im Rheinland in der Hoffnung, irgendwo dort eine eindeutige Antwort zu bekommen. Vielleicht ließ sie sich ja auf die hiesigen Verhältnisse übertragen.

Die Bedeutung des Namens Nippes anderenorts

Peter Paul Trippen hatte bereits in seinem Aufsatz aus dem Jahr 1927 darauf hingewiesen, daß der Name *Nippes* als Gutshofsbezeichnung, also als ein Ort des Wohnens, *„im Rheinland noch mehr vorkommt."*[67] Da Trippen leider nicht vermittelt hatte, wo diese *Nippes* lagen, mußte ich mich auf die Suche machen. In dem Standardwerk über rheinische Flurnamen von Heinrich Dittmaier wurde ich fündig.[68] Darin stand, daß *Nippes* auch in Koblenz–Vallendar, Ahrweiler–Brohl, in Düren und Krefeld–Uerdingen vorkam. Und im Jahr 1596 tauchte *am Nippis* sogar in Junkersdorf, heute Köln–Junkersdorf, als Flurname auf. Sofort nahm ich Kontakt zu Historikern, Heimatforschern, Bibliothekaren und Archivaren in den genannten Orten auf. Im Laufe der folgenden Recherchen erhielt ich noch die Hinweise auf ein *Nippes* in Marmagen/Eifel, Andernach am Rhein und in Zons. Die Ergebnisse im einzelnen:

– Koblenz–Vallendar

Von dort erhielt ich die Auskunft, daß in Vallendar tatsächlich ein *Nippeshäuschen* existierte. Der Name ließ sich aber nur bis ins 19. Jahrhundert zurückverfolgen. Das *Nippeshäuschen* lag ehemals etwas außerhalb, aber in der Nähe des Ortes Vallendar an einem Bach. Mit Sicherheit wurde der Name von einer älteren Flurbezeichnung *auf dem Nippes* abgeleitet. Auch in den Orten Sayn und Bendorf fände sich die Lokalbezeichnung *Nippes*. Dort wird dieser Name für den rückwärtigen Teil von kleinen Gassen gebraucht. Daher könne der Eindruck ent-

64 Karte um 1650, Grundriß der Eygelsteiner Schweidt.

65 Akte 75, Bestand Altenberg, S. 76, in: Hsta Dssd.

66 Schreiben des Ortsvorstehers Theodor Volk vom Mauenheimer Hof vom 22.12.1831 an die Bürgermeisterei Longerich.

67 Mauenheim einst und jetzt, Festschrift zur Einweihung der St. Quirinuskirche zu Köln Mauenheim, hg. von Peter Schreiber, Reklameverlag J. Hüll Köln 1927, siehe im Beitrag von P. P. Trippen Geschichtliches aus dem alten Mauenheim, S. 8.

68 Rheinische Flurnamen. Unter Mitarbeit von P. Melchers auf Grund des Materials des von A. Bach begründeten Rheinischen Flurnamenarchivs, bearbeitet von Heinrich Dittmaier. 1963, Bonn, Ludwig Röhrscheid Verlag, S. 214.

stehen, das *Nippes* ursprünglich einen Flurzipfel oder ein Flurende bezeichnet habe, wofür es aber keinen Anhaltspunkt gäbe.[69]

– Ahrweiler–Brohl

Der Ort Brohl liegt am Rhein zwischen Niederbreisig und Andernach. Unmittelbar am Rheinufer befindet sich der Ortsteil *Nippes*. Die Entstehung dieses *Nippes* geht zurück auf einen Holländer, der sich 1712 nahe dem Ort Brohl niederließ und mit Tuffstein Handel trieb. Er nannte es vermutlich im holländischen Ausdrucke *naa by huys*, was soviel wie nah bei gelegenes Haus oder Nebenhaus bedeutet, weil es zu Brohl gehörte und nicht weit davon ablag. In der Folgezeit entwickelte sich aus diesem ersten Haus ein eigenes kleines Dorf. Und in der lokalen Mundart wurde aus *naa by huys* vermutlich *Nippes.*[70]

– Düren

In Düren gibt es seit 1894 die Nippesstraße. Sie liegt in der Nähe des Flüßchens Rur und erinnert an das ehemals in dieser Gegend gestandene Haus *Niphaus*. Das *Niphaus* befand sich nachweislich zu Anfang des 19. Jahrhunderts außerhalb der Stadtmauern Dürens und ist ebenfalls bereits auf einer Karte von 1715 nachgewiesen.[71] Diese alten Karten bezeugen, daß es am Ende des Holzweges (später Burg– , dann Rütger–von–Scheven–Straße) gelegen hat, und zwar nahe bei der 1710 zu einer Papiermühle umgebauten *Neumühle.*[72] Diese war vor 1710 eine Ölmühle und stand direkt an dem Mühlenteich, ein von der Rur abgeleitetes Gewässer, das seinen weiteren Verlauf durch Düren nahm[73]. Wahrscheinlich war das *Niphaus* das Wohnhaus des Müllers. Ohne Zweifel ist Nippes eine Abschleifung von *Niphaus.*[74] 1830 wurden für *Nipphaus* in der Bürgermeisterei Düren 4 Einwohner angegeben.[75]

– Krefeld–Uerdingen

In dem dortigen Ortsteil Hohenbudberg gab es eine Gaststätte mit Gartenrestaurant, die den Namen *Schmitz–Neppes* trug. Die Schankstätte wurde 1766 errichtet. Hinsichtlich des Namens *Neppes* ist zu vermuten, daß hier die Bedeutung eines vorgelagerten Hauses in der Nähe der ältesten Kirche Krefelds, St. Matthias, zutrifft. Eine andere Begründung für den Namen, die einer mündlichen Überlieferung entsprang, bezieht sich auf den *Nepp* (Betrug), der beim Ankauf des Gebäudes des späteren Eigentümers Schmitz im Spiel gewesen sein soll.[76] 1830 ist für die

69 Schreiben von Dr. Resmini, Landeshauptarchiv Koblenz, vom 21.8.1992 an den Autor.

70 Schreiben von Carl Bertram Hommen in Bad Breisig vom 20.5.1992 an den Autor, und in: Geliebte Heimat zwischen Laacher See und Goldener Meile, Neue Beiträge zur Geschichte des Brohltals und Breisiger Ländchens, *1989, Bad Breisig, S. 62; Reise auf dem Rhein, Joseph Gregor Lang, 1789, und: Rheinischer Antiquarius, Chr. von Stramberg, 3. Abteilung, 5. Band, Coblenz 1858, S. 203 f.*

71 Karte der Ämter Düren–Nörvenich, aus: Erich Philipp Plönnies: Topographia Ducatus Montani 1735, Nr. 35, in: Hsta Dssd.

72 Nippes in der Nähe der Neumühle ist ausdrücklich so geschrieben *im Plan der Stadt Düren u. Umgebung. von 1888.*

73 Düren – Aus der Geschichte einer alten Stadt, Josef Dollhoff, Karl–Josef Baum, J. P. Bachem–Verlag Köln, 1985, S. 80.

74 Die Dürener Straßennamen, Joseph Geuenich, *Beiträge zur Topographie Dürens, Düren 1965, S. 103 f.*

75 Topographisch–statistische Beschreibung der Königl. Preußischen Rheinprovinzen von F. v. Restorff, *Berlin, Stettin, 1830, S.798 f.*

76 Schreiben des Uerdinger Heimatbundes vom 21.5.1992 und 25.6.1992 an den Autor.

Bürgermeisterei Uerdingen auch ein in der Nähe von Uerdingen liegender Weiler *Nippes* mit 30 Einwohnern nachgewiesen.[77]

– Köln–Junkersdorf
In einer Zusammenstellung von Flurnamen aus dem Jahr 1569 für die dem Stift St. Gereon gehörenden Junkersdorfer Herrlichkeit findet sich unter der Flurbezeichnung *An des Paffengrave* auch der Hinweis auf einige Morgen Land *am Nippiß*. Leider war es hier nicht möglich, die Bedeutung von *am Nippiß* auch nur ansatzweise zu klären.[78]

– Marmagen in der Eifel
In Marmagen gibt es den Namen *Auf dem Nippes* als Straßenbezeichnung seit 1968. Bis zu diesem Zeitpunkt hieß die Straße einfach *Nippes*. Gemeint war damit ein südwestlich des Ortskerns gelegener Ortsteil, in dem es ursprünglich nur einige wenige Häuser gegeben hat. Sie lagen aber in der Nähe des Zentrums von Marmagen.[79]

– Andernach
In der Nähe vom *Nippes* bei Brohl, direkt in Andernach, gab es um 1750 das Gasthaus samt Mühle *zum Nippeß* unmittelbar an dem Flüßchen Nette und in der Nähe der Festungsanlagen gelegen.[80]

– Zons
Von dort erhielt ich die Anwort: „*Es ist richtig, daß die sanfte Erhebung vor dem ehemaligen Zonser Feldtor im Volksmund ‚Nippes' genannt wird. Der Name ist allerdings nicht vollständig befriedigend zu deuten, die Belege reichen auch nur bis ins vorige Jahrhundert zurück. Am plausibelsten ist folgende Erklärung: An und auf der leichten Anhöhe gab es seit der Mitte des 19. Jahrhunderts eine Konzentration von Ziegeleien, die anspruchsloses Massengut, eben ‚Nippes' produziert haben. Der Name des Erzeugnisses könnte demnach auf den Ort übergegangen und haften geblieben sein.*“[81]

Peter Schreiber hatte dazu geschrieben: „*In Zons bei Dormagen heißt ein erhöhtes Gelände vor dem Stadttor im Volksmund: ‚om Nippes'.*“[82] Mit diesem Hinweis unterstrich er seine Namenstheorie von *Nippes* als dem Haus auf der Höhe.

77 *Siehe Anm. 75, S. 499 f.*
78 Geschichte der Herrlichkeit Junkersdorf, Dünn, Köln, 1896, S. 6 f. und in: Heimatkalender Köln–Land von 1929, S. 96.
79 Schreiben von Felix Bretz aus Marmagen vom 31.8.1992 an den Autor.
80 Information durch Herrn Dr. Manfred Huiskes im HAStK.
81 *Aus dem Schreiben von Dr. Karl Emsbach, Kreisarchivdirektor des Kreises Neuss, in Dormagen–Zons vom 11.9.1996 an den Autor.*
82 *Siehe Anm. 44, S. 26.*

Nach dieser Rundreise durch das Rheinland mußte ich feststellen, daß auch anderenorts die Deutungen für *Nippes* nicht zweifelsfrei waren. Dennoch läßt sich in sieben der insgesamt acht Ortschaften eine Gemeinsamkeit feststellen: Das, was *Nippes* genannt wurde, war ein (oder mehrere) Gebäude, das (die) in der Nähe von einem bereits länger existierenden Gebäude oder Ort stand (standen):

In Vallendar das *Nippeshäuschen* außerhalb, aber in der Nähe des Ortes; in Brohl war es das Haus des Holländers, daß er in der Nähe des Ortes und des Rheines gebaut hatte; in Düren das vor der Stadtmauer gelegene *Niphaus* in der Nähe der Neumühle und der Rur sowie des Mühlenteiches; in Uerdingen zum einen das Gasthaus *Schmitz Neppes* in der Nähe der Kirche und zum anderen der Weiler *Nippes* außerhalb von Uerdingen, in Marmagen bezeichnete *Nippes* einen in der Nähe des Hauptortes gelegenen Ortsteil; in Andernach das Gasthaus inklusive einer Mühle *zum Nippeß* in der Nähe der Festungsanlage und des Baches Nette und in Zons waren es Ziegeleien in der Nähe bzw. vor der Stadtmauer von Zons.

Und noch etwas fiel auf: In fünf Orten (Vallendar, Brohl, Düren, Uerdingen, Andernach) lag *Nippes* in der Nähe eines Fluß- bzw. Bachlaufes und in drei Orten (Vallendar, Marmagen und Zons) wurde die Bedeutung von *Nippes* mit einer kleinen Bodenerhebung in Zusammenhang gebracht.

Zurück nach Köln–Nippes

Die Anordnung von Gebäuden und ihre Beziehung zueinander sowie die Nähe eines Gewässers läßt sich auch in Köln–Nippes erkennen. *Nippes* lag in der Nähe und südöstlich der Siedlung Mauenheimer Höfe, am Rand einer ehemaligen Rheinrinne. *Nippes* war möglicherweise ein Gebäude, daß in einer Beziehung zu einem der Mauenheimer Höfe stand, vielleicht sogar zu ihm eigentümlich gehörte. Wiederholt machten Autoren (Trippen, Schreiber) darauf aufmerksam, daß es vielleicht ein von den Hofbesitzern unterhaltenes Gebäude einschließlich eines Wirtshauses an der Einmündung der Mauenheimer Straße in die Neusser Straße gewesen sein könnte. War das Gebäude vielleicht eine Schmiede, ein kleiner Bauernhof, ein Gasthaus, eine Braustätte samt Malzdarre mit einem kleinen Turm, vielleicht einem Schornstein? Ein Gebäude mit solcherart Nutzung machte an dieser Stelle Sinn. Denn hier über die Neusser Straße rollten die Fuhrwerke der Kölner Handelskaufleute in Richtung Norden bzw. hier entlang fuhren die Händler aus dem holländischen, friesischen und niederrheinischen Raum. Hier war tatsächlich der günstigere Standort für ein Gebäude mit einem solchen vorgenannten Angebot für die Reisenden, im Gegensatz zu den, von der Neusser Straße aus betrachtet, abseits der Hauptverkehrsader gelegenen Mauenheimer Höfen. Verbarg sich hinter dem Gebäude vielleicht das *Haus Grünplätzchen an der Straße nach Neuß*, das bereits in einer Urkunde aus dem Jahr 1515[83], also 34 Jahre vor dem 1549 genannten *Wyrt am Nippis, Johann van Wermßkirchen*, erwähnt wurde?

– Nippes vom friesischen nip?

War Nippes also das *nah bei* den Mauenheimer Höfen oder *nah bei* der freien Reichsstadt Köln stehende Haus, und wurde es infolgedessen *Niphaus* bzw. *Nipphaus* genannt?

Wir erinnern uns: Der Nippeser Pfarrer Theodor Voswinckel hatte seinen Lesern die Meinung des Stadtarchivars Dr. Hermann Keussen mitgeteilt: *„Eine andere Herleitung des Namens Nippes von dem mittelniederdeutschen Wort nip = nahe scheine weniger Berechtigung zu haben.“* Aber wieso denn, möchte ich an dieser Stelle fragen? Tatsächlich findet sich im *Mittelniederdeutschen Wörterbuch*[84] das Eigenschaftswort *nip*, mit der Bedeutung *scharf, genau im Sinne von scharf, genau zusehen oder zuhören*. Gleichzeitig machten die Autoren den Hinweis auf die andere Bedeutung von *nip*, die sich im *Wörterbuch der Niederdeutschen Mundart* fand.[85] Dort heißt es u.a.: *„Nipe, adv. (friesisch: nip) 1. nahe. ek stund nipe derbi = ich stand nahe dabei. ...“*

Wurde das Wort *nip* bereits im Mittelalter aus dem norddeutschen bzw. friesischen Raum durch die Fuhrleute hierher gebracht?

Köln, die große westdeutsche Handelsmetropole in den vergangenen Jahrhunderten, verband auch mit Norddeutschland und Friesland[86] wirtschaftliche Beziehungen.[87] Köln war zum Beispiel der größte Viehmarkt des Rheinlandes. Die Hauptmengen der Rinderherden kamen aus Holland, Friesland und Westfalen von Norden über die Neusser Straße durch das Eigelsteintor in die Stadt.[88] Und ab etwa 1375 gelangte aus dem holländischen und norddeutschen Raum das neue Hopfenbier in hiesige Gegend. Ist es daher nicht denkbar, daß für die Fuhrleute und

83 Urkunden des Stiftes St. Kunibert, Kun 1/697 vom 29.1.1515, in: HAStK.

84 Mittelniederdeutsches Wörterbuch von Dr. Karl Schiller und Dr. August Lübben. Dritter Band. M–R. Bremen 1877.

85 Wörterbuch der Niederdeutschen Mundart, gesammelt und bearbeitet von Georg Schambach. Hannover. Carl Rümpler. 1858, S. 145.

86 Friesland im weiteren umfaßt den gesamten Küstenstreifen vom niederländischen Ijsselmeer bis zum nordfriesischen Tondern an der deutsch–dänischen Grenze.

87 An die große Bedeutung des Fernhandels zwischen diesen Regionen im Früh– und Hochmittelalter für Köln durch friesische Kaufleute (z.B. Tuch– und Fischhändler) machen die Benennungen Friesenplatz, Friesenstraße und Friesenwall aufmerksam.

88 Die städtischen Handels– und Verkehrsarbeiter und die Anfänge städtischer Sozialpolitik in Köln bis zum Ende des 18. Jahrhunderts, Dr. Bruno Kuske, Bonn 1914, S. 63. Und: Wirtschaftsgeschichtliche Durchblicke über Köln, Bruno Kuske, In: Volkstumspflege und Volkskunde, Festschrift zum 50–jährigen Bestehen des Heimatvereins Alt–Köln e. V. hg. von Dr. Joseph Klersch, Köln 1952, S. 63 ff. Und: Die wirtschaftliche und soziale Verflechtung zwischen Deutschland und den Niederlanden bis zum 18. Jahrhundert, Dr. Bruno Kuske, in: Köln, der Rhein und das Reich, Böhlau–Verlag Köln–Graz, 1956, S. 200 ff.

Händler aus diesen Regionen eine Raststätte an der Neusser Straße für sie *nip(e)* lag, also *nah bei*? Dabei bleibt offen, ob sie das *nah bei* gelegene Haus auf die Mauenheimer Höfe bezogen oder aber auf die Stadt Köln. Gemessen an ihrer langen Reise von einigen hundert Kilometern lag dieser Rastplatz und Ort der Einkehr nah bei dem Ziel ihrer Reise: dem von hier aus nur noch 1,7 km entfernten Köln. Übernahmen die hier lebenden und arbeitenden Menschen dieses oft gehörte Wort *nip(e)* in ihren Wortschatz und machten sie daraus das *Nip(e)haus* = *Nippes*?

Nippes als Abschleifung von *Nip(e)haus*, dem *nah bei (nip(e))* von etwas anderem (Mauenheimer Höfe oder Stadt Köln) stehenden Gebäude/Haus (es = Haus). Ist das die Lösung für Köln-Nippes? Und alle Menschen, die da am *Nip(e)haus* waren oder wohnten, und alle anderen später in seinem Umfeld errichteten Gebäude bezogen sich auf dieses für den Fernverkehr bedeutende Haus an der Neusser Straße und sie sprachen also von *am Nippes*.

An dieser Stelle möchte ich noch drei Zitate anfügen, die uns vermitteln, daß das hiesige Nippes auch tatsächlich *Nipphaus* genannt wurde. 1816 hieß es in einem Inserat im *Welt- und Staatsbothen zu Köln*[89] aus Anlaß der Nippeser Kirmes: *„Auf der Sonntag den 6. Oktober einfallenden Nipphauser Kirmes sind wie gewöhnlich allerhand Erfrischungen zu haben."*

1840 inserierte der bereits erwähnte Nippeser Ortsvorsteher Theodor Volk vom Mauenheimer Hof (siehe Anm. 66) aus Anlaß der Nippeser Kirmes in der Kölnischen Zeitung vom 3.10. und machte so auf sein Angebot an der Neusser Straße aufmerksam: *„Bei der am Sonntag eintretenden Nippeser Kirmeß habe ich mich bewogen gefunden, ein großes und geschmackvolles Zelt unweit Nipphaus auf Köln an zu bauen."*

In einem Ortslexikon von Deutschland aus dem Jahre 1862 heißt es: *„Nippes (Nipphaus), Dorf mit Mühle, Regierungsbezirk, Kreis und 1/2 Meile nördlich von Köln, 415 Einwohner."*[90]

Eine weitere Gemeinsamkeit bei einer überwiegenden Zahl der Nippes-Nennungen im Rheinland besteht darin, daß sich in der Nähe von dem, was da *Nippes* genannt wurde, ein Gewässer nachweisen ließ bzw. läßt. Und aus dem Vorhandensein eines ganz besonderen Gewässers kann man eine weitere Bedeutung des Ortsnamens *Nippes*, die auch auf Köln-Nippes anwendbar ist, ableiten.

89 Ausgabe vom Donnerstag, dem 3.10.1816. Diese Zeitung erschien dienstags, donnerstags, samstags und sonntags. Als Expedition (Auslieferungsstelle) wurde in dem Jahr die Schmitzische Buchhandlung und Buchdruckerei an den Minoriten Nr. 4556 (17) genannt. Gegründet im Jahr 1738 kam das Aus für den Bothen im Jahr 1839 mit dem Ankauf durch den Verlag DuMont-Schauberg.

90 Vollständigstes geographisch-topographisch-statistisches Ortslexikon von Deutschland ..., von H. Rudolph. Zürich, E. Ernst's Verlag. 1868, Spalte 3135. Das Nippes von den Nippesern auch Nipphausen genannt wurde, geht aus einem privaten Brief aus dem Jahr 1903 hervor. Er stammt aus dem Nachlaß einer alteingesessenen Nippeser Familie und befindet sich im Archiv des Autors.

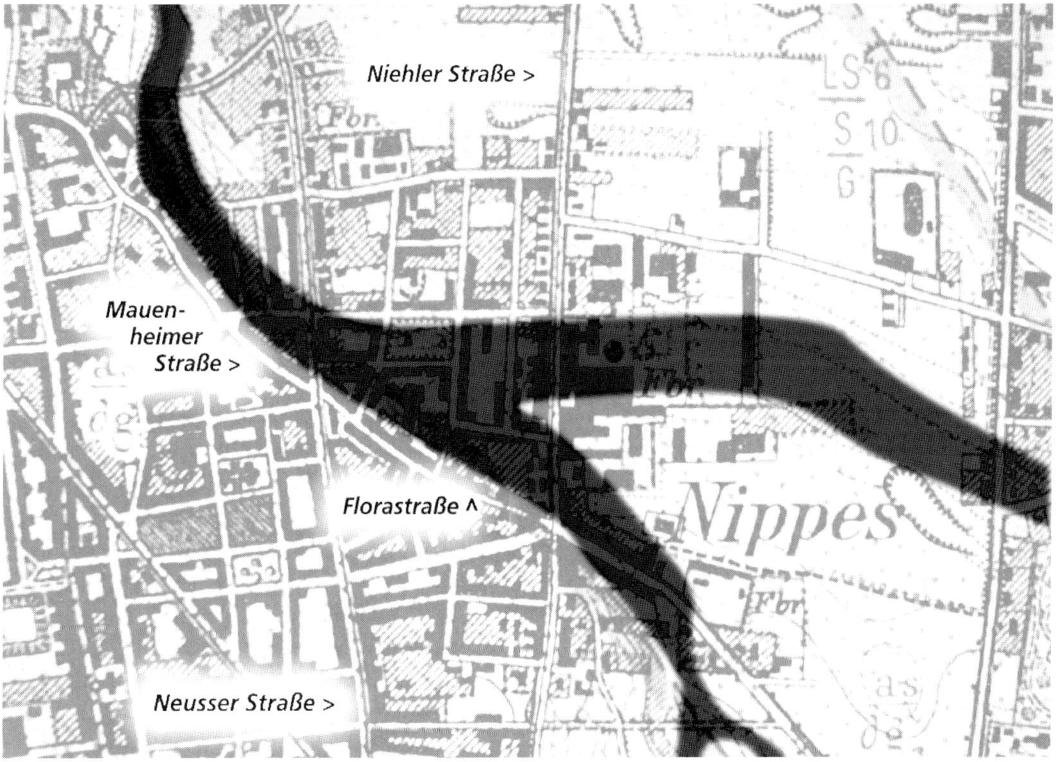

Abb. 7 Die durch Nippes verlaufenden Altrheinrinnen auf einem Ausschnitt der Geologischen Karte von Preußen und benachbarten deutschen Ländern, Blatt Köln, 1930. Die Hervorhebung erfolgte durch den Autor.

- Nippes von Niep?

„Ob der Ort Nippes (Niephaus) bei Köln seinen Namen einer ähnlichen Lokalbeschaffenheit zu verdanken hat, ist mir nicht bekannt." Diesen Satz schrieb der Kataster–Geometer Michael Buyx 1866 in seiner Schrift *Beiträge zur historischen Geographie einiger Territorien.* Er stellte hierin seine Forschungsergebnisse u.a. zu dem Lokalnamen Niep vor, der sich im Kreis Moers häufig finden ließ. So z.B. als *De wilde Niep, Niephaushof, Niepbend, Niephof* und *Niepschenhof.* Als die typische Lokalbeschaffenheit, die für Niep stand, erkannte er die Lage der genannten Flure und Gebäude an einem *ehemaligen Rheinarm*, an *sumpfigen Niederungen* und *torfhaltigen Wiesengründen.* In seinem drei Jahre später erschienenen Buch faßte Buyx seine weiteren Forschungen zur Bedeutung des Wortes *Niep* in einer allgemeinen Aussage zusammen.[91] Er schrieb: *„Der Name Niep deutet auf ein sumpfiges,*

91 *Die Localnamen der Vogtei Gelre und einige der Umgebung vom Kataster–Geometer Mathias Buyx. 1869. Geldern, F. Müller'sche Buchdruckerei. S. 36 f.*

wässriges Terrain und kommt nur vor bei sumpfigen Gründen und verlandeten Flußbetten."

Und genau diese *Lokalbeschaffenheit* traf man hier in Köln-Nippes auch an: etwa parallel zur und nördlich von der Mauenheimer Straße und der Florastraße zog eine alte Rheinrinne entlang. Ein Teil dieser Rinne läßt sich noch heute in der Terraingestaltung des Nippeser Tälchens erkennen. Ihre westseitige Böschung wird im Winter zum Schlittenfahren genutzt. Im Sommer rollen sich hier die Kinder im fröhlichen Spiel hinab. Nachweislich ab dem 13. Jahrhundert bis zum Anfang dieses Jahrhunderts befand sich in der Altrheinrinne zwischen dem Niehler Kirchweg und der Neusser Straße ein Weiher.[92] Er verlandete zunehmend und wurde erst 1904 zugeschüttet. Aus dem *Niep* wurde hier vor Ort möglicherweise ein *Niepes* bzw. *Nippes*; und alles was da war, was da stand, befand sich eben *am Nippes*. Und dazu gehörten nicht nur die Nolen Höfe, die nachweislich an der Mauenheimer Straße, gegenüber dem Altenberger Hof, standen, sondern auch die Häuser im Kreuzungsbereich der Neusser Straße/Mauenheimer Straße und Florastraße (der Postillion ritt ganz sicher über die Neusser Straße auf seinem Weg der Postroute zwischen Köln und Kleve/Neuss, sowie auch die Gebäude an der Kreuzung Niehler Straße/Florastraße und Ferdinand Welter wohnte nachweislich an der Niehler Straße (siehe Seite 28).

Denkbar ist auch, daß ein an dieser Altrheinrinne stehendes Gebäude das Haus *am Niep* = *Niephaus* = *Nippes* (es = Haus) genannt wurde und man sich auf diese Baulichkeit bezog: am Gebäude, das *am Niep* stand. Dabei könnte es sich um das bei den Fuhrleuten und Händlern beliebte Gasthaus an der Neusser Straße / Ecke Mauenheimer Straße gehandelt haben. Und auch der Altenberger Hof könnte jenes Gebäude gewesen ist, das *am Niep* stand.

Ergänzend zu der Niep-Theorie sei noch erwähnt, daß das Wort *Niep* von seiner Herkunft her zu dem mittelniederländischen *nepe* und niederrheinischen *nip* gehört. In diesen ähnlichen Formen findet es sich in den Niederlanden, Belgien und Nordfrankreich. *Nepe* und *nip* bedeuten soviel wie Falte, Kniff und meinen u.a. auch *„eine Erdfalte, worin sich Wasser angesammelt hat"*.[93] Ist dies eventuell noch eine Bestätigung für die Bedeutung des Wortes *Nippes* als ein Haus, das an einer ehemals mit Wasser gefüllten und zunehmend verlandeten Altrheinrinne stand? Denn von einer Erdfalte läßt sich bei einer Altrheinrinne durchaus sprechen.

92 *Siehe: Der Erzbergerplatz und der „Schillplatz", Band 1 der Reihe Nippes – Bemerkenswertes und Unterhaltsames aus einem Kölner Stadtteil, Emons Verlag Köln, 1995. Ein weiterer Band dieser Buchreihe wird sich mit diesem Gewässer befassen.*

93 *In: Siehe Anm. 68, S. 214, und Rheinisches Wörterbuch von Josef Müller, Fritz Klopp Verlag Berlin und Bonn, 1941, Spalte 217.*

– Nippes vom seeländischen nip?

Noch eine weitere mögliche Herleitung für das Wort *Nippes* sei hier im Zusammenhang mit der Altrheinrinne vorgestellt. In dem Wörterbuch der seeländischen Dialekte fand ich *nip* mit der Bedeutung von: *„dicht an der Kante, auf ihrem Rand“.*[94] Die Ufer der Altrheinrinne konnten durchaus auch als Kanten im Gelände wahrgenommen werden, besonders dort, wo es sich um Steilufer handelte. Im Zuge der Bebauung und damit verbundener Erdbewegungen ist die Altrheinrinne und damit der Geländeeinschnitt außerhalb des Nippeser Tälchens nur noch zu erahnen. Tatsächlich führen die Neusser– und auch die Niehler Straße im Bereich der Mauenheimer Straße und Florastraße deutlich bergauf bzw. bergab. Wurde ein Gebäude, das am Rand einer solchen Kante errichtet worden war, hier zum Haus *am Niep* = *Niephaus* = *Nippes* ? Ist es nicht auch hier – so, wie bereits beim friesischen *nip* vermittelt – denkbar, daß im Zusammenhang mit den auch vor Jahrhunderten schon vorhandenen Handelsbeziehungen zwischen Seeland und dem Kölner Raum das Wörtchen *nip* ebenfalls von den Fuhrleuten über Land getragen und hier vor Ort übernommen wurde? Als ein Beispiel, unter zahlreichen anderen, für den regen Warenverkehr sei der Hinweis gegeben, daß die Windmühlen in Seeland ihre aus Basaltlava gehauenen Mahlsteine aus der Eifel (Mayen, Gerolstein) bezogen und übrigens heute noch beziehen. Fisch, Salz, Tuche sowie Wein gehörten ebenfalls zu jenen bedeutenden Wirtschaftsgütern, die seit dem Mittelalter zwischen diesen Regionen gehandelt wurden.[95]

– Anmerkungen zu den übrigen Erklärungsversuchen

War der Altenberger Hof, den man auch *Nippeshof* nannte, der Namensgeber für den Stadtteil?

Peter Paul Trippen und Peter Schreiber vertraten diese Meinung, wenn auch mit unterschiedlichen Erklärungen. Trippen behauptete, daß irgendwann einmal ein Pächter dieses Hofes *Nepp* geheißen hat, denn seit 1558 würde eben der Altenberger Hof auch *Nepphof* genannt. Zu der Zeit hatte ihn ein Tillmann Lorner in Pacht. Den Beweis für seine Behauptung blieb Trippen allerdings schuldig. Er machte lediglich den Hinweis auf die durchaus übliche Vorgehensweise, einen Hof

94 *Woordenboek der Zeeuwse Dialecten, Dr. Hendrika Catharina Maria Ghigsen, Van Velzen, Krabbendijke, 8. Aufl., 1991, S. 625.* Die Provinz Seeland, niederländisch Zeeland, liegt im Südwesten der Niederlande.

95 Siehe in: *Die Beziehungen zwischen Köln und den Niederlanden vom Hochmittelalter bis zum Beginn des Industriezeitalters, J.A. van Houtte, Kölner Vorträge zur Sozial– und Wirtschaftsgeschichte – Heft 1, Hg. Forschungsinstitut für Sozial– und Wirtschaftsgeschichte an der Universität zu Köln, Köln 1969. Und: Die Kölner Handelsbeziehungen im Spätmittelalter, Gunter Hirschfelder, Veröffentlichungen des Kölnischen Stadtmuseums, Heft 10, Köln 1994.*

nach seinem Pächter zu benennen. Es muß festgestellt werden, daß bisher in den durchgesehenen Unterlagen weder der Familienname *Nepp* aufgetaucht ist, noch das der Altenberger Hof *Neppshof* genannt wurde. Weiter sei darauf hingewiesen, daß *Nippeshof* ausgeschrieben *Nipp–haus–hof* bedeuten würde. Trippen sah allerdings einen Zusammenhang zwischen dem *Wyrt am Nippis* von 1549, Johann van Wermßkirchen, dessen Haus an der Ecke der Einmündung der Mauenheimer Straße in die Neusser Straße gestanden, und eigentümlich zu dem Altenberger Hof, also dem *Neppshof*, gehört haben soll. Unter der Voraussetzung, daß sich später einmal bestätigen sollte, daß der Altenberger Hof bereits zu jener Zeit tatsächlich auch *Neppshof* genannt wurde, dann macht der *Wyrt am Nippis – Nippes* bezogen auf den Altenberger Hof – Sinn. Und alle Benennungen *am Nippes* im Umfeld des Altenberger Hofes bezogen sich dann eben auf ihn. Und auch die Nolen Höfe, später Contzen Höfe, die sich ihm gegenüber auf der anderen Seite der Mauenheimer Straße befanden, standen *am Nippes*.

Noch ein Hinweis dazu: In den Akten des Stiftes St. Kunibert ist unter dem 2.1., 3.2. und 19.2.1660 die Rede von einem *Nippeshalfmann in Mauenheim*. Als *Halfmann* oder *Halbwinner* bezeichnete man den Hofpächter, der eine Hälfte der erwirtschafteten Produkte an den Hofeigner abgeben mußte und die andere Hälfte für sich behalten konnte. In der Regel setzte man den Orts– oder Hofnamen vor die Bezeichnung *Halfmann*. Der *Nippeshalfmann* bat seinerzeit das Stift St. Kunibert um die Verlängerung des Pachtvertrages für einen dem Stift gehörenden Hof. Das kann nicht der Altenberger Hof gewesen sein, denn der befand sich seit 1432 im Besitz des Zisterzienser Klosters Altenberg. Die Bitte wurde dem *Nippeshalfmann* abgeschlagen und ein Kanoniker des Stiftes übernahm in der Folgezeit den Hof. Konnte der *Nippeshalfmann* eventuell bald darauf den Altenberger Hof in Pacht nehmen? Dann hätte der Altenberger Hof durch seinen neuen Pächter aus Nippes den Namen *Nippeshof* bekommen. Aber Belege dafür sind derzeit auch keine vorhanden. Bisher gibt es den ersten Hinweis darauf, daß der Altenberger Hof auch *Nippeshof* genannt wurde, aus den Akten des Klosters Altenberg. In einem Dokument schrieb ein Zimmermeister aus Köln 1749, also genau 200 Jahre nach der bisher ersten Nennung von *Nippes* in alten Unterlagen, daß er *„zu Mauenheym auf dem neipes Hof“* gearbeitet habe, und an anderer Stelle, im Jahr 1791, hieß es: *„... habe ich, Anton Müller zu Mauenheim an dem sog. Nippeshof zu Tagelohn gearbeitet.“*[96]

96 Akte 75, Bestand Altenberg, S.76 und 94, in: Hsta Dssd.

Peter Schreiber nannte ebenfalls den Altenberger Hof als den Ausgangspunkt für den späteren Ortsnamen Nippes. Zwar machte er auch den Hinweis auf den vielleicht ehemals hier lebenden Hofpächter mit Namen *Nepp*. Zwingender erschien ihm aber die von ihm entwickelte Theorie. Er leitete den Namen von dem Verb *neppen* mit der Bedeutung von *hervorstehen machen, mit etwas erhöhtem besetzen* ab. Durch die Errichtung des Altenberger Hofes, *Nepphofes*, an der exponierten Stelle, am Rand und oberhalb der Altrheinrinne, war er besonders hervorstehend gemacht bzw. war diese Stelle tatsächlich mit etwas Erhöhtem besetzt worden. Aus dem *Nepphof* wurde *Neppes* = *Nippes* und alles was in der Umgebung war, befand sich *am Nepphof* = *Nippes*. Dieses Lösungsangebot hat scheinbar auch etwas für sich, nur, es fehlt auch hier letztendlich der Beweis.

Kreyes führte die von Schreiber etwas später publizierte Version von *Neppes* als Höhenhaus auf das Hauptwort *Nep* zurück. Angeblich bedeutete dieses *Nep* Anhöhe. Er nannte dafür allerdings keine Quelle; vielleicht aus einem einfachen Grund. Denn in keinem Wörterbuch ließ sich diese Erklärung nachweisen. Möglicherweise hatte Kreyes etwas falsch verstanden, als er zum erstenmal von der Erklärungsversion Schreibers hörte. In diesem Zusammenhang sei auf die Erklärungsversuche von *Nippes* in den Orten Vallendar, Marmagen und Zons hingewiesen. Dort sprach man von *auf dem Nippes* und bezeichnete damit möglicherweise einen Hügel oder Berg.[97] Vielleicht ist dieses *Nippes* dann von dem Wort *Knipp* hergeleitet, was z.B. die Bedeutung von *kleiner, spitzer Hügel* oder *höchster Punkt eines Berges* hat. Und *Nippel* ist vermutlich die Verkleinerungsform von *Knipp*.[98]

Vom *Knipp* über den *Nippel* zu *Nippes*? Müßte es also richtig Köln–Knipp oder noch richtiger Köln–Nippel heißen?

Oder gab man in Vallendar, Marmagen und Zons mit der Bezeichnung *auf dem Nippes* doch nur den Hinweis darauf, daß man sich auf einem bestimmten Gelände befand und nicht auf einem Hügel oder Berg? Vielleicht dem *nah bei* etwas anderem, z.B. der Stadtmauer oder dem Ortskern, gelegenen Terrain?

Die verschiedenen Pest–Theorien kann man wohl getrost beiseite lassen, entbehren sie doch inhaltlich jeglicher geschichtlichen Wahrheit. Auch das *nippen* erscheint, obwohl sehr amüsant, genauso ohne Fundament, wie auch die Schwarz–Weiß–Theorie von Kaspers. Und die *Nippesfabrik*, gemeint ist hiermit wohl die ehemalige Porzellanfabrik, wurde hier erst lange Zeit nach dem erstmaligen Auftauchen der Orts-

97 Daß aber auch in Vallendar, Marmagen und Zons andere Bedeutungen von Nippes möglich sind, darauf habe ich bereits hingewiesen.

98 Rheinisches Wörterbuch, Josef Müller, Fritz Klopp Verlag, Berlin 1933, Spalte 947. Und: Rheinische Flurnamen, Heinrich Dittmaier, Ludwig Röhrscheid Verlag Bonn, 1963, S. 152 und 214.

bezeichnung Nippes gegründet. Wrede nähert sich mit seiner Nippes–Theorie von einer baulichen Anlage in der Herrlichkeit Mauenheim der tatsächlichen Lösung möglicherweise an, er ging aber leider auf die Herleitung nicht ein. Das *kleine Haus* an der Neusser Straße, der *Weiher* und die Familie *de Nepa* stehen als Ursprung für den Ortsnamen Nippes als schwache Erklärungen im Raum.

Nun überlasse ich es Ihnen, sich weiter mit dem Namen Nippes und seiner Bedeutung zu beschäftigen und sich vielleicht sogar für die eine oder andere Lösung zu entscheiden. Vielleicht ist jemand unter Ihnen, der sich in der Lage sieht, das Rätsel zweifelsfrei zu lösen. Ich eröffne hiermit die neuerliche Diskussion. Über Zuschriften zum Thema würde ich mich sehr freuen. Auch bleibe ich bei meinen weiteren Forschungen an diesem spannenden Thema dran. Eventuell finde ich ja doch noch in irgendeiner Urkunde oder Akte der ehemaligen Grundbesitzer in der Herrlichkeit Mauenheim aus der Zeit zwischen dem 12. und 18. Jahrhundert den entscheidenden Satz: „*Nippes wurde benannt nach ...*“

Abb. 8 Wie sich der kleine Fritz die Kölner Vororte vorstellt. Aus: KStA v. 8.4.1923

Nippes in Wörterbüchern und Lexika

Zum Abschluß dieses Beitrages liste ich noch einige Versionen zur Bedeutung der Wörter *Nippes, Nipp* und *nippen* sowie einige Redewendungen auf. Sie alle haben zweifelsfrei nichts mit der Herleitung des Ortsnamens Nippes zu tun.

Nippes:

- *„Kleine zur Zierde aufgestellte Figuren und Gegenstände; Entlehnung (18. Jahrhundert) vom französischen nippes: Putz–, Schmucksachen. Seit der Mitte des 19. Jahrhunderts dafür zunehmend die Eindeutschung Nippsachen“* [99]

Nippes (Plur.) 'zierlicher Putztand' als Modewort aus frz. nippe(s) (F.) 'weiblicher Putz, bes. feine Leibwäsche' (vgl. den Beleg aus Möser) ungeklärter Herkunft in der 2. Hälfte des 18. Jahrh. entlehnt, aber sogleich bedeutungsinhaltlich auf kleine, zierliche Gegenstände modischen Putzes, Schmuckes eingeschränkt (1). Um die Mitte des 19. Jahrh. setzte sich, nach vorübergehenden Zuss. deutscher Worte mit frz. nippes, die Umdeutschung Nippsachen bes. von zierlichem Zimmerschmuck ohne Gebrauchswert durch (2).

Belege: 1. Lessing 1767 Dramaturgie (IX 358) da doch kein Fähndrich in des Königs Armee sey, der nicht de belles Nippes besitze [es handelt sich um einen kostbaren Ring]. Sturz 1768 Briefe (I 60) Ich finde in einer Stelle des Ben Johnson, daß eine Tobakspfeife damals unter die Nippes eines zierlichen Herrn gehörte, und daß man sie am weiblichen Nachttisch mit eben dem wichtigen Anstand, wie jetzt eine Riechflasche, herauszog. Möser 1775 Patriot. Phantasien I 221 und wie Leute, die im Jahr 1763 noch mit einigen Stücken Cammertuche aus Champagne und den Lüttichischen herunterschlichen, jezt mit Pariser Nippes auf den Posten reisen. 1786 Journal der Moden I 21 Ohrenringe, Armbänder . . . kommen weiter unten unter dem Artikel Nippes — 24 Schmuck und Nippes. Die Gränzen der Bijoux und N. sind noch zur Zeit in Frankreich so unbestimmt, . . . daß man beyde Artikel nicht wohl trennen kann. Alles, was man mit einem Wort Pretiosa nennt, gehört dazu. . .

Abb. 9 Aus: Deutsches Fremdwörterbuch, Hans Schulz und Otto Basler, Walter de Gruyter & Co. Berlin, 1942, S. 205 (Ausschnitt).

- *„Im Französischen: Accessoires weiblichen Aufputzes im allgemeinen, im besonderen erotisierende Zier– oder Reizwäsche“* [100]
- *„Kleine Figuren, Vasen aus Glas, Porzellan o. ä., die zur Zierde aufgestellt werden“* [101]
- *„Ein kleiner Mensch“* [102]
- *„Ein dummer Mensch“* [103]
- *„Der kleinste Klicker“* [104]
- *„Kosename für das Kalb“* [105]
- *„Unberührtes, zartes junges Mädchen“* [106]

„‚Du küs wahl vun Nippes?‘ –Gebraucht im Sinne von: *‚Du bist wohl nicht recht gescheit!‘“* [107]

„‚He mak e Geseit, as wenn he Nippes verrode hätt.‘ –Ein mürrisches Gesicht machen.“ [108]

99 *Etymologisches Wörterbuch des Deutschen, M–Z, Akademie Verlag, Berlin 1993, S. 926.*

100 *Lexikon 2000, Naturalis Verlag, Köln, 1990, S. 3632.*

101 *Brockhaus Wahrig, Deutsches Wörterbuch in sechs Bänden, F. A. Brockhaus Wiesbaden 1982, S. 827.*

102 *Wörterbuch der deutschen Sprache, Joachim Heinrich Campe, Braunschweig 1809, S. 511.*

103 *Rheinisches Wörterbuch, Josef Müller, Erika Klopp Verlag Berlin und Bonn, 1941, Spalte 219.*

104 *Ebenda.*

105 *Ebenda.*

106 *Illustriertes Lexikon der deutschen Umgangssprache in 8 Bänden, Klett Stuttgart 1984, S. 2040.*

107 *Rheinisches Wörterbuch, siehe Anm. 103.*

108 *Ebenda.*

„*'Ech gohn no Nippes, Köh beddele.'* –Antwort auf die Frage: Wohin gehst Du?" [109]

Nipp:

- „*Schläfchen, Nickerchen*" [110]
- „*Scherzhaft Penis in dem Walzerliedchen: Do soll dem Hahn der Nipp net stohn, wann all de Höhner öm en gohn!*" [111]
- „*Der stive Nipp: ein wüster Bauerntanz, bei dem jeder nach seiner Weise herumtanzt.*" [112]
- „*Der letzte Nipp:* der Wurf mit dem letzten Klicker, der wiederholt werden darf." [113]

„*'Du bes wall met (van) Nipp getippt!' –'Du bist wohl nicht recht gescheit!'*" [114]

nippen:

- „*Einen, sich oder etwas nippen, ganz leise anstoßen, durch einen leichten Stoß auf etwas aufmerksam machen.*" [115]
- „*Einen oder sich nippen: necken.*" [116]
- „*Einen nippen: mit Bitten belästigen.*" [117]
- „*Nippen: wenig trinken.*" [118]

„*'De hat zo viel genippt'*: –Er ist bezecht." [119]

Na denn, Prösterchen!

109 Ebenda.
110 Ebenda, aber Spalte 217.
111 Ebenda.
112 Ebenda.
113 Ebenda.
114 Ebenda.
115 Rheinisches Wörterbuch, siehe Anm. 103, aber Spalte 218.
116 Ebenda.
117 Ebenda.
118 Ebenda.
119 Ebenda.

Nippes, Knupp und Kirmes

Ein Dorf wird weit über seine Grenzen hinaus bekannt

Der Wohnplatz Nippes bzw. *am Nippes* in der Herrlichkeit Mauenheim zog seit jeher die Menschen aus dem Umland und insbesondere aus Köln an. Daran hat sich bis heute für den Stadtteil Nippes nichts geändert. In Nippes läßt es sich gut wohnen und leben, sagt man. Den Einwohnern und Gästen bietet sich tatsächlich ein abwechslungsreiches kulturelles Angebot. Auch hinsichtlich der leiblichen Genüsse, wie dem Essen und Trinken, bleibt kaum ein Geschmack unbefriedigt. Hier findet der hungrige und durstige Zeitgenosse alle Varianten dieser Art gemütlicher Freizeitgestaltung vor. Die Palette reicht von der typischen Kölner Wirtschaft mit Brauhausambiente und Kontörchen über die Kölsche Kneipe an der Eck, die alternative Szenekneipe und dem Café, Bistro, Restaurant bis hin zur Pizzeria, zu den Weinstuben und zu den internationalen Grill- und Imbisslokalen. Erst kürzlich rückte Nippes mit seinen Kneipen wieder einmal in das Blickfeld einer größeren Öffentlichkeit. Eine Kölner Tageszeitung berichtete über das preiswerte Bier in Wirtschaften an der Neusser Straße. Hier brauchte der Kölschfreund für sein Getränk bedeutend weniger Geld auf den Tresen zu legen als in der City.[120] Leider mußte die gleiche Zeitung am gleichen Tag auch über ein weniger erfreuliches Ereignis berichten. In der Nippeser Kneipe *Zum kleinen Bit* am Wilhelmplatz erlebten die Gäste und die Wirtin einen von zwei Tätern ausgeführten dreisten Raubüberfall.[121] Mit diesen beiden aktuellen Nachrichten aus Nippes läßt sich leicht die Brücke zurück in die Vergangenheit schlagen.

Daß Nippes bereits in den vergangenen Jahrhunderten im Rufe stand, eine kurzweilige und preiswerte Vergnügungsstätte und zu Köln durchaus eine Alternative zu sein, wird auf den nächsten Seiten vermittelt werden. Für diesen Ruf war nicht nur die wiederholt urkundlich belegte Tatsache verantwortlich, daß zwischen Nippes und dem Bier ein enger Zusammenhang bestand, und wie wir gesehen haben, auch immer noch besteht, sondern auch die alljährlich hier über mehrere Tage gefeierte Kirmes. Sie gehörte neben den lokalen Bierhäusern ebenfalls zu den äußerst attraktiven Nippeser Angeboten, die sich der

120 *Preiskampf! Kölsch 1,20 DM. In: Express vom Donnerstag, dem 24.10.1996, Titelseite und S. 28.*

121 *Wildwest in Nippes: Überfall mit Flinte, in: wie vor, S. 27.*

Kölner nicht entgehen lassen wollte. Der Blick in die Geschichte unter diesen Aspekten zeigt Nippes von einer bisher gar nicht bis wenig bekannten Seite. Manch einer wird vielleicht behaupten, von seiner besten Seite.

Die ersten Hinweise auf Bier und Kirmes am Nippes

Bereits in einer Urkunde aus dem Jahr 1252 geht hervor, daß von einem Kölner Bürger Heinrich, genannt Fermantarius, einer der Mauenheimer Höfe vom Stift St. Kunibert erworben bzw. gepachtet wurde.[122] Der bereits mehrfach zitierte Peter Schreiber schloß daraus, daß dieser *Brauer* auch in der Herrlichkeit Mauenheim Bier braute und es in einer dem Brauhaus angeschlossenen Schenke anbot. Für Schreiber lag der Standort dieser Betriebs- und Verkaufsstätte an der von Fuhrleuten stark befahrenen Neusser Straße.[123]

Erst etwa 300 Jahre später findet sich der Zusammenhang zwischen Nippes und dem Bier in den historischen Dokumenten wieder. Aus dem Jahr 1549 ist, wie bereits im ersten Beitrag dieses Buches vermittelt wurde, Johann van Wermßkirchen als *Wyrt am Nippis* überliefert. Und 60 Jahre später ist auf der Karte von Hogenberg der Acker des *Nippes Wierdt* genannt (siehe Seite 11).

Den ersten Hinweis auf die Kirmes in Nippes finden wir in den Aufzeichnungen des Kölner Ratsherrn und Chronisten Hermann von Weinsberg, der von 1518 bis (vermutlich) 1597 lebte. Seine Tagebücher sind reich an Informationen aus seinem Leben und damit verbunden auch aus der Kölner Stadtgeschichte. Unter dem Datum vom 30.4.1577 hielt er seinen Aufenthalt bei der *Kirmes in Mauenheim* fest. Er war mitsamt seinem *Hausgesinde* an jenem Tag, dem St. Quirinustag, zu Besuch bei seinem Schwager, der der Pächter des Hofes des Kunibertsstiftes war, und ließ sich beim ihm die gebotenen Speisen und Getränke munden. Hier ist zu erwähnen, daß unmittelbar südlich neben dem Altenberger Hof nachweislich zwischen dem 13. und 17. Jahrhundert eine Kapelle, die dem Heiligen Quirinus geweiht war, gestanden hat.[124] Die Kirmes, bzw. hier richtiger das Kirchweihfest, fand in den vergangenen Jahrhunderten alljährlich entweder an dem eigentlichen Tag der Einweihung der Kirche oder am Namenstag des Kirchenpatrons statt.

122 In: HAStK, Bestand Kunibert, 1/63 vom 27.2.1252. Danach verkaufte Hermannus Kloerine, Bürger zu Köln, und seine Gattin Lukardis mit Bewilligung des Stiftes St. Kunibert den von diesem abhängigen Hof zu Mauenheim mit seinen drei Mensen Acker- und Rottland an den Kölner Bürger Henrico, genannt fermentario, und dessen Gattin Elisabeth um 150 Mark und dem Rechte des Wiederverkaufs innerhalb der nächsten fünf Jahre. Als Fermantari bezeichnete man diejenigen, die die Kräuter für die Herstellung des Gruitbieres vorbereiteten, mischten und verkauften.

123 In: Siehe Anm. 26, S. 26 f.

124 Quirinus war ein römischer Tribun, der Christ wurde und unter Kaiser Hadrian um 130 n. Chr. den Märtyrertod fand. Seine Gebeine wurden im Jahr 1.050 n. Chr. von Rom nach Neuss überführt. Siehe: Unser Pfarrpatron: Der heilige Quirinus, Peter Seul, in: 75 Jahre Pfarre St. Quirinus und Gemeinde Köln-Mauenheim, Köln 1995, S. 12 f. Der Altenberger Hof wurde wegen seiner unmittelbaren Nachbarschaft zu diesem Gotteshaus auch der Hof bey der Kapellen genändt.

Der Kölner Rat muß sich mit den Bierhäusern am Nippes befassen

In der bisherigen Geschichtsschreibung über Nippes wurde stets vermittelt, daß sich der Rat der Stadt Köln lediglich dreimal, nämlich 1672, 1674 und 1695, mit den Nippeser Bierhäusern und dann in Form eines

Abb. 10 Am Nippes aus der Vogelschauperspektive auf einem Kupferstich von Johannes Schott aus dem Jahr 1654. (Ausschnitt) Unten rechts die Kunibertstorburg und der Kunibertsturm am Rhein.

Verbotes des Besuches dieser Bierhäuser befassen mußte. Das Problem hatte aber tatsächlich eine viel größere Dimension als bisher angenommen wurde. Allein zwischen 1670 und 1755 ergingen zu diesem Thema nachweislich insgesamt 17 Ratsbeschlüsse und Edikte [125], die die wirkliche Größenordnung der Problematik deutlich machen. Davon wird in der Folge berichtet.

Vor dem September 1670 muß es *am Nippes* in der Herrlichkeit Mauenheim besonders hoch hergegangen sein. Denn dieses Nippes, im Kurfürstentum bzw. in Kurköln vor der freien Reichsstadt Köln gelegen, stand erneut auf der Themenliste des Kölner Rates. Nippes war den Stadtvätern zu einem Dorn im Auge geworden. Das Protokollbuch des Kölner Rates hielt unter dem Datum vom 15.9.1670, einem Montag, unter dem Titel *Auslauff deß gemeinen Volcks nachen Nippiß* die Gründe für sein Tätigwerden und seinen Beschluß in dieser Angelegenheit fest. [126] Ich gebe den Inhalt des handschriftlichen Dokumentes hier entsprechend der Urschrift wortgetreu wieder, um so einmal die aus heutiger Sicht umständliche und schwer verstehbare Amtssprache und die scheinbar regellose Rechtschreibung jener Zeit zu vermitteln:

125 Amtliche Erlasse bzw. Anordnungen.

126 HAStK: Ratsprotokolle, Buch Nr. 117, S. 293 f. Für die Hilfe bei der Umschrift dieses Textes danke ich Herrn Dr. Winfried Schumacher.

„Alß Von deme fast täglichs, insonderheit an heyligen Son- und Feyertägen sich Zutragendem heuffigem Auß- und Zulauff des gemeinen Volcks auß hiesiger Statt, nach dem, nechst vor der Eigelsteins Pfortzen gelegenem Zum Nippes genentem ohrt, Und daheselbst verkauffendem schädtlichen gebrendtem Gewäßer, und unduchtigem alhie verbottenem underhäubt Bier, wadurch nicht allein der schuldiger Gotteßdienst vernachläßiget, der Sinn und Verstand den Menschen geschwindt benohmmen, und alßo zu allerhandt Sündt und Lasteren das Thor eröffnet Wirt, sondern auch bey starckem und späten abendlichem Zurück- und Einlauff des Volcks gegen eines ehrsamen hochwürdigen Raths jüngsthin ernewerte Edicta, allerhandt Frembde, Lediggänger, Betler und dergleichen Unnutzes gesindtlein Vermischt mit einschleichen, in rhatsstatt erwehnung beschehen, Ist zeitlich Regierendem Herrn Bürgermeister von Cronenberg alß Vornembsten Kriegscommissario, daßjhenig, Waß Zu dessen nötiger Remedyrung, wegen frühe zeitiger Verschließung der Eigelsteins Pforten an Besagten Son- und Feyertägen, oder wenigs eintziger Offenhaltung der also genänter Steringern, Zu beßerer observation und entscheidung der einkommender vorgeschlagen, oder ihre Herrschaft sonsten darzu dienlich und rathsamb Zu sein erkennet werden, der gebühr anzuschaffen commission und macht auffgetragen worden."

Abb. 11 Sitzung des Kölner Rates (Kupferstich um 1655, Ausschnitt)

Der Rat machte sich also Sorgen um das gemeine Volk. Durch den Konsum von Branntwein und dem in Köln verbotenen untergärigen („*unterhäubt*") Bier vernachlässigte es den Besuch des Gottesdienstes, trank es sich um seinen Verstand und ließ es sich dadurch zu Sünden und Lastern hinreißen. Darüber hinaus schlichen sich bei der Rückkehr der Zecher aus Nippes Fremde, Bettler und Gesindel durch die Eigelsteinerpforte in die Stadt ein. Dem sollte durch Maßnahmen, wie z. b. dem früheren Schließen der Tore und einer besseren Kontrolle der Einlaß begehrenden Personen abgeholfen werden („*Remedyrung*"). Das hinter den Bemühungen des Kölner Stadtrates aber auch handfeste wirtschaftliche Interessen steckten, zeigt der hier eingeschobene Abriß über die Geschichte des Bieres in Köln und Umgebung auf.

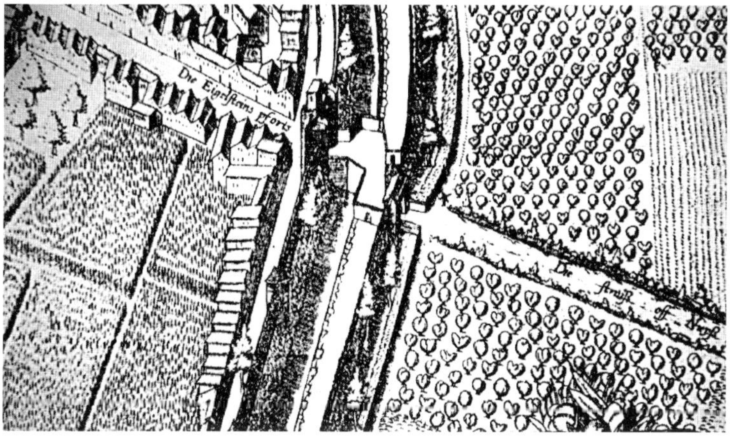

Abb. 12 Die Eigelsteintorburg mit Eigelsteinpforte und die Straße nach Neuss auf dem Plan von Arnold Mercator aus den Jahren 1570/71.

Ein kleiner Exkurs zur Geschichte des Bieres

Bier ist schon vor rund sechstausend Jahren in Babylonien gebraut worden. Ein erster Hinweis auf das Bier in der Kölner Gegend ist aus dem Jahr 870 n. Chr. belegt. In einer Stiftungsurkunde läßt sich nachlesen, daß dem Kloster Gerresheim ein Teil der Einkünfte der Kirche zu Pier bei Düren zur Beschaffung eines besseren Bieres vermacht worden war. Das Bier in jener Zeit und in den folgenden Jahrhunderten, vielfach in Klöstern und in Haushalten zum privaten Verbrauch gebraut und auch konsumiert, bestand im wesentlichen aus einem aus der Gerste oder dem Weizen gewonnenen Malzextrakt[127], dem eine Kräutermischung beigefügt wurde. Diese Mischung, im Niederdeutschen auch Gruit genannt, bestand z.B. aus Ingwer, Kümmel, Anis und Wacholder. Auch Rosmarin, Myrte und Schafgarbe werden in alten Aufzeichnungen genannt. Für das Einbringen, Trocknen und den Verkauf der Kräuter waren in Köln die sogenannten Fermantari zuständig, die ihre Rezepturen

127 Malz nennt man das künstlich zum Keimen gebrachte Getreide.

aus guten Gründen geheimhielten. Wir erinnern uns, ein Hof in Mauenheim wurde 1252 von dem Kölner Heinrich, genannt Fermantarius, gekauft. Das süßliche Gruitbier mußte sehr bald nach dem Gärungsprozeß getrunken werden. Es war nicht lange haltbar. Zum Teil mit Honig gesüßt, war es auch als Met bekannt und offensichtlich beliebt. Im Mittelalter gab es zahlreiche Methäuser in Köln und die Metbrauer gehörten zu den wohlhabensten Kölner Bürgern. Unter ihnen befand sich auch Kuno von Mauenheim, der in der zweiten Hälfte des 14. Jahrhunderts lebte. [128] Er gehörte zu jenem Geschlecht, auf dem die Gründung des Wohnplatzes Mauenheim/Nippes (erstmals urkundlich 1199 genannt) zurückgeführt wird, und das wahrscheinlich bereits vor 1199 nach Köln übergesiedelt war.

Um 1375 tauchte aus dem holländischen und norddeutschen Raum ein mit Hopfen als Würzmittel gebrautes Bier in hiesiger Gegend auf. Das Hopfenbier hatte im Unterschied zum Gruitbier einen feinherben Geschmack. Das Bier aus Holland, auch Keutebier genannt, wurde auf Weizenbasis hergestellt. Zur Sicherstellung des städtischen Gruitmonopols verbot man 1436 kurzerhand das Hopfen- und Keutebier in Köln. Dennoch setzten sie sich in der folgenden Zeit im Rheinland immer mehr durch. Außerhalb der Stadtmauern Kölns hatten sich Keutebierbrauereien angesiedelt, so z.B. in Deutz, Mülheim, Melaten und Mechtern. Zu ihnen gehörten auch die Brauereien und Bierhäuser in Riehl, die bereits 1461 genannt sind. [129] Nun wollte sich die Stadt Köln nicht länger dieses neuen und große Einnahmen versprechenden Bieres verschließen. Ab sofort ließ sie den Verkauf zu. 1471 erhob sie eine hohe Keuteakzise [130] und gab auch die Herstellung des Keutebieres innerhalb der Stadtmauern auf Dauer frei. [131] Gleichzeitig verbot sie zum Schutz der stadtkölnischen Brauer die Einfuhr der neuen Hopfenbiere. Zuwiderhandelnde erwartete eine Strafe von zwanzig Goldgulden. Um die vom Einfuhrverbot betroffenen Biere dennoch auch Kölnern anbieten zu können, kam so mancher Anbieter auf bemerkenswerte Ideen. In einer Verfügung des Rates vom 16.3.1556 aufgrund einiger Beschwerden des Brauamtes hieß es wörtlich: *„...daß Niederländer sich unterstanden, Tabernen und Bierzapfen vor der Stadt in den Schiffen auf dem Rhein zu halten“.*

Die Kölner Bierbrauer hatten sich, wie alle Handwerker, in einer Zunft zusammengeschlossen, die erstmals 1396 im *Verbundbrief* erwähnt ist. [132] Ihre Interessensvertretung nahm sie durch das Brauamt wahr. Es achtete auf die Einhaltung der Braukunst und garantierte eine

128 Von Brauern und vom Brauen im alten Köln, J. Letschert, in: Alt Köln vom 10.2.1950, Heft Nr. 6, S. 102 f.

129 Die Kölner Zunfturkunden nebst anderer Kölner Gewerbeurkunden bis zum Jahre 1500, Heinrich v. Loesch, Bonn 1907, 2 Bände; Band 2, S. 78, 82 und 548 ff.

130 Akzise: Verbrauchssteuer.

131 Die wirtschaftliche Stellung der Stadt Köln im 14. und 15. Jahrhundert, Franz Irsigler, Steiner Verlag Wiesbaden 1979, S. 271 ff.

132 1996 feierten die Kölner Brauer ihr 600jähriges Bestehen. Der Verbundbrief war eine neue Kölner Verfassung. Ausgearbeitet worden war sie von den Gaffeln und Zünften, nachdem diese zuvor die bis dahin herrschende Schicht der Patrizier gewaltsam gestürzt hatten.

gute Qualität des Produktes. Auch ging es gegen die Konkurrenz der Privatbrauer und sogenannten Heckzapper, das waren Brauer ohne Ausbildung, die nicht in der Zunft aufgenommen wurden und deswegen versteckt *hinter den Hecken* ihrer Arbeit nachgingen, vor. Auf Drängen des Brauamtes hatte nämlich der Kölner Rat in der genannten Verfügung von 1556 auch bestimmt, daß die Heckwirte nur einmal jährlich für ihren eigenen Bedarf brauen durften. Weiterhin bildeten die Vertreter des Brauamtes die Braumeister aus. Das Brauamt nahm ebenfalls die Biersteuer ein.

Abb. 13 Wappen der Kölner Brauerzunft mit der Darstellung der typischen Arbeitsgeräte: Schaufel, Maischgabel und Schöpfkelle

Das Bier sah man damals mehr als ein Lebensmittel – *flüssig Brot* – und weniger als ein Genußmittel an. Das Trinkwasser aus den Brunnen war nur mit Vorsicht zu genießen. Der Kaffee und der Kakao sollten erst in den folgenden Jahrhunderten den europäischen Markt erreichen. Wein war teuer und so griffen die Menschen gerne auf die vorhandenen Biersorten wie Met, Dünnbier, Gruitbier, Hopfenbier, Braunbier oder Dickbier als tägliches Getränk zurück.

Die Kölner Zunftordnung vom 12.8.1698 schrieb den Brauern jetzt vor, neben Wasser nur guten Hopfen, gutes Malz und obergärige Hefe zu verwenden. Zusätze irgendwelcher Art wurden verboten.[133] Gleichzeitig wurde ihnen die Verwendung der untergärigen Hefe untersagt. Es durfte weiterhin nur das obergärige Bier gebraut werden.[134] Das untergärig gebraute Bier führte angeblich zu einer heftigeren Wirkung auf das Blut und damit stärker berauschend. Deswegen erlangte es auch sehr schnell den Namen Toll– oder Dollbier. Die Verwendung der Unterhefe, dem kölschen Knupp, führte zu einer weiteren Bezeichnung des untergärigen, braunen Bieres mit den manchesmal höheren Prozenten und dem niedrigeren Preis: Knuppbier. Wegen seiner dunklen Färbung nannte man es später, im 19. Jahrhundert, auch scherzhaft Kuletsch– (Lakritz–) bier.

Dennoch schwor damals so mancher Brauer weiterhin auf das untergärige Bier und seine althergebrachten Gewürze und sonstigen Zutaten. In einer vom Kölner Rat auf Veranlassung der Brauzunft nach Entdeckung von schwarzen Schafen in ihren eigenen Reihen verkündeten Verordnung vom 4.11.1709 hieß es sinngemäß: *Trotz des schon oft wiederholten Verbotes des Brauens des sogenannten unterhäufft (untergärigen), dollen und Knupbieres, versetzt mit allerhand Kräutersamen und anderen schädlichen Ingredienzien, haben es doch einige eingesessene Brauer wiederholt hergestellt. Also muß der hochweise Rat nochmals und zum Überfluß das Brauen und Ausschenken des unterhäuffti-*

133 An anderer Stelle hatte man bereits auf ein „reines“ Bier besonderen Wert gelegt. Schon aus dem Jahr 1516 ist aus Bayern ein Reinheitsgebot bekannt, nach dem Bier dort nur aus Gerste, Hopfen und Wasser hergestellt werden durfte.

134 Beim obergärigen Bier steigt die obergärige Hefe während des bei 16–22 Grad ablaufenden Brauprozesses nach oben. Im Unterschied dazu sinkt die untergärige Hefe während des nur bei 6–10 Grad stattfindenden Brauvorgangs. Bis zur Erfindung der Kühltechnik in der Mitte des 19. Jahrhunderts konnte das untergärige Bier nur zu kühler Jahreszeit oder in kühlen Kellern gebraut werden.

Abb. 14 Bierbrauer bei der Arbeit

gen dollen oder Knup-Bieres verbieten. All diejenigen, die es dennoch brauen oder verzapfen, werden beim ersten Übertretungsfall mit 200 Goldgulden bestraft. Beim zweiten Mal wird ihnen das Zunftzeichen und das Brauhaus verboten und beim dritten Mal werden ihnen die Bürger- und amtlichen Rechte entzogen. [135] Wiederholt wurde das Verbot mit dem Edikt vom 28.8.1711. [136]

Außerhalb der Stadt Köln, also in Kurköln, durfte das untergärige Braunbier aber offensichtlich gebraut werden. Es muß in Köln viele Freunde gehabt haben, die auch einen längeren Fußweg nicht scheuten, um es genießen zu können. Dieses Bier wurde nämlich vor der Stadtmauer an verschiedenen Orten hergestellt und angeboten. Und weil die wenigen schwarzen Schafe unter den Kölner Brauern den Bedarf offensichtlich nicht decken konnten, zog der Kölner vor seine Stadttore. Hier in Kurköln konnten die Brauer in aller Ruhe und ohne die Kontrolle der Kölner Brauerzunft und des Rates ihr Tollbier bzw. Dollbier herstellen und verkaufen. Das *gemeine Kölner Volk* dankte es ihnen offensichtlich mit einem starken Besuch der Wirtshäuser, die aber wegen der Gottesdienste an Sonn- und Feiertagen bei Strafe morgens nicht vor 11 Uhr und an den übrigen Tagen nachmittags nicht vor 4 Uhr geöffnet werden durften. [137]

135 HAStK: Edikte, Buch Nr. 6, S. 305.

136 HAStK: Edikte, Buch Nr. 4, S. 130.

137 Sammlung der Gesetze und Verordnungen, welche in dem vormaligen Churfürstenthum Cöln ergangen sind vom Jahr 1463 bis 1816, J. J. Scotti, Düsseldorf 1830/1833, S. 755.

Im 17. und 18. Jahrhundert standen neben Nippes und Mauenheim auch die Gegend *am toten Juden*[138], *ahn Bayen*[139], sowie *Melaten*[140], *Klettenberg* und *Rodenkirchen* in dem schlechten bzw. guten Ruf einer solchen Pilgerstätte. Wie aus den Ratsprotokollen und Edikten wiederholt hervorgeht, wurde *Nippes* bzw. *am Nippes* stets an erster Stelle genannt. Es ist daher anzunehmen, daß *Nippes* in der Reihe der *verbotenen* Orte tatsächlich eine führende Stellung einnahm. Zu dieser Einschätzung kam auch schon Joseph Klersch, als er im Zusammenhang mit den wiederholt ausgesprochenen Verboten des Kölner Rates, die außerhalb der Stadt Köln liegenden Bierhäuser aufzusuchen, feststellte: *„An erster Stelle standen die Nippeser Brauereien."*[141]

Das den Stadtkölnern auferlegte Verbot des auswärtigen Biertrinkens hielt sich über ein Jahrhundert. Erst 1798 wurde es durch die Franzosen im Zuge der Einführung der Gewerbefreiheit und Auflösung der Brauerzunft aufgehoben. So mancher Zecher mag auf die französischen Besatzer eine Lobeshymne gesungen und sicher nicht nur einen Becher geleert haben.

Ein Problem und seine weiteren Lösungsversuche

Das Problem des *Auslaufens des gemeinen Volkes* aus der Stadt Köln nach Nippes zum Zwecke des Biertrinkens bekam der Kölner Rat in den Jahrzehnten nach 1670 aber offensichtlich nicht in den Griff, im Gegenteil, es wurde ein immer größeres. Davon zeugen die wiederholt erfolgten Ratsbeschlüsse und erlassenen Verordnungen. Der Kölner ließ sich aber von ihnen nicht beeindrucken, zu schmackhaft und preiswert war das in Köln verbotene Bier. Bereits zwei Jahre später mußten sich die Ratsherren erneut mit dem Bierhaus *am Nippes* befassen.

Unter dem Tagesordnungspunkt *Verbot deß auslaufens zum Biersaufen* wurde das Thema in der Sitzung am 7.10.1672 erörtert. Man mußte feststellen, daß *des gemeinen Manns häuffiges auslaufen nach denen außwendig am Nippes, Maulheim*[142] *und anderen negst der Statt gelegenen bekanten Bierhäuseren des schädtlichen dollen Gedrüncks halber* nicht nachgelassen hatte. Der Rat sah sich wieder zu einem Handeln gezwungen, da es wiederholt zu *groben Exzessen, Sünden und Lastern* gekommen war. Leider benannte er sie nicht näher. Aber jeder, der ein wenig Phantasie hat, kann sich die Folgen erhöhten Alkoholgenusses sehr wohl in lebendigen Szenen vor Ort, auf der Straße nach

138 *Auch „Dude Jüdd" oder „Judenbüchel" genannt. So bezeichnete man das etwas erhöhte Gelände ca. 500m vor dem Severinstor an der Landstraße nach Bonn, auf dem ein jüdischer Friedhof angelegt worden war. In unmittelbarer Nähe befand sich auch ein sehr bekanntes Wirtshaus gleichen Namens. Bei den Volkszählungen mit den Stichtagen 1.12.1890 und 2.12.1895 wurden für die Ortschaft Am Todtenjuden 150 bzw. 158 Einwohner festgestellt.*

139 *Mit „ahn Bayen" ist das Gelände außerhalb der damaligen Stadtmauer vor dem im Süden stehenden Bayenturm gemeint. Hier rund um den Bayengraben fand auch die Bayen–Kirmeß statt. 1721 werden in einer unbekannten Quelle die „Knuphuiten ahn Bayen" genannt. In: Neuer Kölnischer Sprachschatz, Prof. Dr. Adam Wrede, Greven Verlag Köln, 2. Band K–R, S. 66 unter Knupp. Wahrscheinlich entnommen aus der Sammlung der Ratsedikte im HAStK unter dem Datum vom 21.2.1721, Buch Ch. V., mit dem Titel Auswärtige Knuphütten; leider war die Quelle nicht greifbar.*

140 *Vor der Anlage des Friedhofes Melaten durch die Franzosen 1810 (Einweihung am 29.6.1811) befand sich an der Stelle seit dem Mittelalter ein Leprosenhaus. Neben einem Pachthof, einem Obstgarten, den Wohnungen für die Leprosen, einer Kirche und Kapelle existierte auch ein Wirtshaus, wie ein Plan „Ländereien nach dem Hospital Melathen gehörig" von 1740 ausweist. (In: Graphische Sammlung des Kölnischen Stadtmuseums)*

141 *Die Geschichte des Brauereigewerbes in Köln, Dr. Joseph Klersch, Hg. Kölner Brauerei Verband, Köln 1946, S. 22 und 39.*

142 *Mit der Nennung von am Nippes und Maulheim (Maulheim entspricht den Mauenheimer Höfen) werden auch in diesem Doku-*

Neuss und am Eigelsteintor ausmalen. Um dem Übel abzuhelfen und auch *zur Abwendung göttlichen Zorns* befahl man den Kölner Bürgern und Einwohnern bei Strafe, das *Auslaufen zu mäßigen*. Rathsbediensteten, wie z.B. *Sackträgern* und dergleichen Personen, welche den Schutz der Stadt und den gestatteten vorläufigen Verbleib unverbindlich genossen, liefen bei Zuwiderhandlung Gefahr, ihre Arbeit an den Rhein- und Feldpforten und in den Kaufhäusern [143] zu verlieren und keine neue Tätigkeit mehr annehmen zu dürfen. Durch öffentlichen Anschlag in den betreffenden Orten, durch Feststellung der Personalien am Stadttor und durch den Auftrag an die Pfortenschreiber, auf die „*contravenienten*“, also auf die Zuwiderhandelnden, besonders achtzugeben, hoffte der Rat, dem Problem beizukommen. [144]

Wieder waren nur zwei Jahre vergangen, da mußte sich der Rat abermals auf Anstoß des Kölner Brauamtes hin mit dem *dollen* Thema befassen. Anhand des über vier handgeschriebene Seiten gehenden Ratsprotokolls unter dem Titel *Verbott des außlauffens nach Nippes, zum dollen bier getränck* verfaßte er am 4.7.1674 sein neuerliches Edikt. [145]

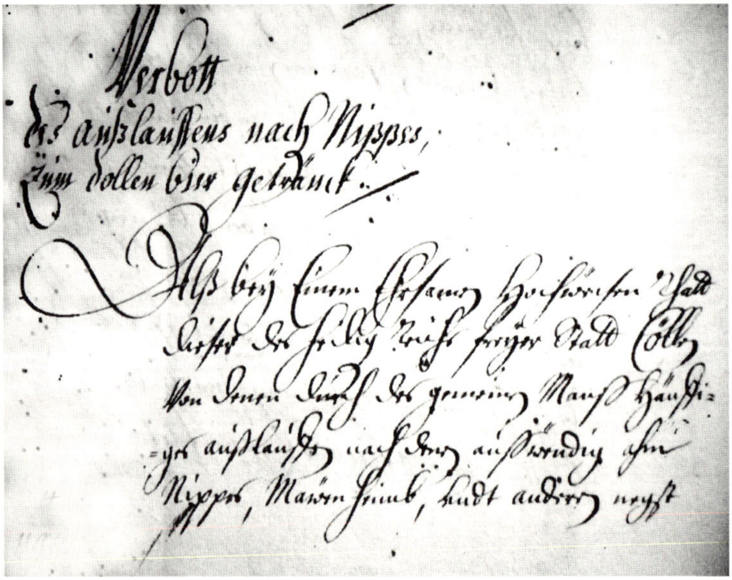
Verbott
des außlauffens nach Nippes,
zum dollen bier getränck.

Abb. 15 Die erste Seite des Ratsprotokolls vom 4.7.1674

Darin wurde der Personenkreis der Ratsbediensteten und Arbeiter, die bei Verfehlungen um ihre Arbeit fürchten mußten, ausdrücklich benannt. Neben den schon im Edikt aus dem Jahr 1672 erwähnten

ment sowie einigen folgenden die beiden seinerzeit in der Herrlichkeit Mauenheim unterschiedlich benannten Wohnorte belegt. Siehe hierzu auch noch einmal den ersten Beitrag in diesem Buch.

143 *Dazu gehörte zum Beispiel der Gürzenich und das Fischkaufhaus.*

144 *HAStK: Ratsprotokolle, Buch Nr. 119, S. 335 f.; und Edikte, Buch Nr. 25, S. 147a und Buch Nr. 29, S. 13a.*

145 *HAStK: Ratsprotokolle, Buch Nr. 121, S. 231 und Edikte, Buch Nr. 25, S. 177b, 178a, b und 179a.*

Sackträgern[146], wurden jetzt auch die *Tarrschürgerer*[147], *Kollmuiderer*[148], *Ochsenstewerer*[149] und *Holzzieher*[150] aufgeführt. Sie gehörten zu den sogenannten Handels- und Verkehrsarbeitern[151], die im Auftrag der Stadt ihre Tätigkeiten verrichteten. Auch *Gärtner, Köche und Fuhrleute* wurden ausdrücklich in dem Edikt genannt. Neben dem Pfortenschreiber mußten nun auch die wachhabenden Soldaten auf Verstöße achtgeben. Auch mußte festgestellt werden, daß wiederholt von auswärtigen Wirten, z.B. aus Dörfern am Rhein, aus der Gegend *auf der Müntze* unterhalb des Kunibertsturmes (siehe Abb. 10, Seite 45 und Abb. 19, Seite 86) und rings um die Stadt, ja sogar von solchen aus dem Gelände zwischen dem Bischofsweg[152] und der Stadtmauer, durch Vertreter der oben genannten Berufsgruppen versucht worden war, das außerhalb gebraute Bier in die Stadt einschmuggeln zu lassen. Der Rat ermächtigte jetzt nicht nur die Pfortenschreiber und Soldaten, sondern auch die Vertreter des Brauamtes, dieses illegal hereingebrachte Bier beschlagnahmen zu können. Auch war es den Arbeitern grundsätzlich verboten, die Stadt zu verlassen; sie waren gezwungen, ständig in Köln anwesend zu sein. Sie durften sie nur mit Erlaubnis des Ratsherren verlassen, der dem betreffenden Wirtschaftszweig vorsaß. Ihr Verhalten und ihre Führung während der Arbeit, die in der Regel von Sonnenauf- bis Sonnenuntergang dauerte, war streng reglementiert. Zuwiderhandlungen gegen Verbote und Anordnungen wurden mit harten Strafen geahndet. Dazu befanden sich Halseisen und Pranger an den Kaufhäusern und Märkten. Zum Strafenkatalog gehörte auch weiterhin die Drohung des Verlustes der Arbeit sowie Geldstrafen und der sogenannte Turmgang, eine Freiheitsstrafe.

Zu jenen auswärtigen Wirten, die durch ihr Tun den Zorn Gottes und des Brauamtes herausforderten, zählte auch Margarethe Hutmacher aus Wipperfürth, Witwe von Engelbert Schaffrath. Denn sie war Wirtin *am Nippes zu Mauenheim*, wie aus ihrem Testament vom 28.12.1674 hervorgeht.[153]

Ein halbes Jahr war erst seit dem letzten Edikt vergangen, als der Kölner Rat mit einer Wiederholung seines Verbotes an die Öffentlichkeit treten mußte. Unter dem 25.1.1675 und mit Bezug auf sein Edikt vom 4.7.1674[154] gegen *das Auslaufen, Saufen und Einschleichen* hieß es unter anderem sinngemäß: *Nachdem aber der Rat vom Brauamt abermals Klage vernehmen mußte, daß gegen das Verbot des häufigen Auslaufens des gemeinen Manns nach den außwändig am Nippes und anderen Orten gelegen Wirtshäusern dennoch in strafbarerweise*

146 Nur die dafür bestimmten Personen durften Säcke von den Schiffen am Rheinufer und von Fuhrwerken auf der Landseite in die Stadt tragen.

147 Schürgerer waren Arbeiter, die kleinere Warenposten transportierten. Tarrschürgerer oder Teerschürgerer beförderten Tran, Teer und Pech.

148 Müderer waren Personen, die Maß nahmen, etwas wogen; hier: Kohlen.

149 Personen, die das Vieh an den Toren in Empfang nahmen, die Menge und Art beim Torschreiber notieren ließen und es zum Markt führten.

150 Sie transportierten Holz von den ankommenden Schiffen in die Stadt.

151 Die städtischen Handels- und Verkehrsarbeiter und die Anfänge städtischer Sozialpolitik in Köln bis zum Ende des 18. Jahrhunderts, Dr. Bruno Kuske, Heft VIII der Reihe Kölner Studien zum Staats- und Wirtschaftsleben, Bonn 1914.

152 Siehe Erläuterung auf Seite 103.

153 Kirchenbücher der Pfarre Niehl.

154 HAStK: Edikte, Buch Nr. 25, S. 189b, 190a, b sowie Buch Nr. 6, S. 243.

gefrevelt wurde, sah er sich genötigt, daß Verbot in bekannter Form zu wiederholen. Das Brauamt war nämlich keineswegs bereit, die Schmälerung seines Ansehens und Geldbeutels hinzunehmen. Die Täter konnten nun direkt an den Pforten von den Soldaten festgenommen werden.

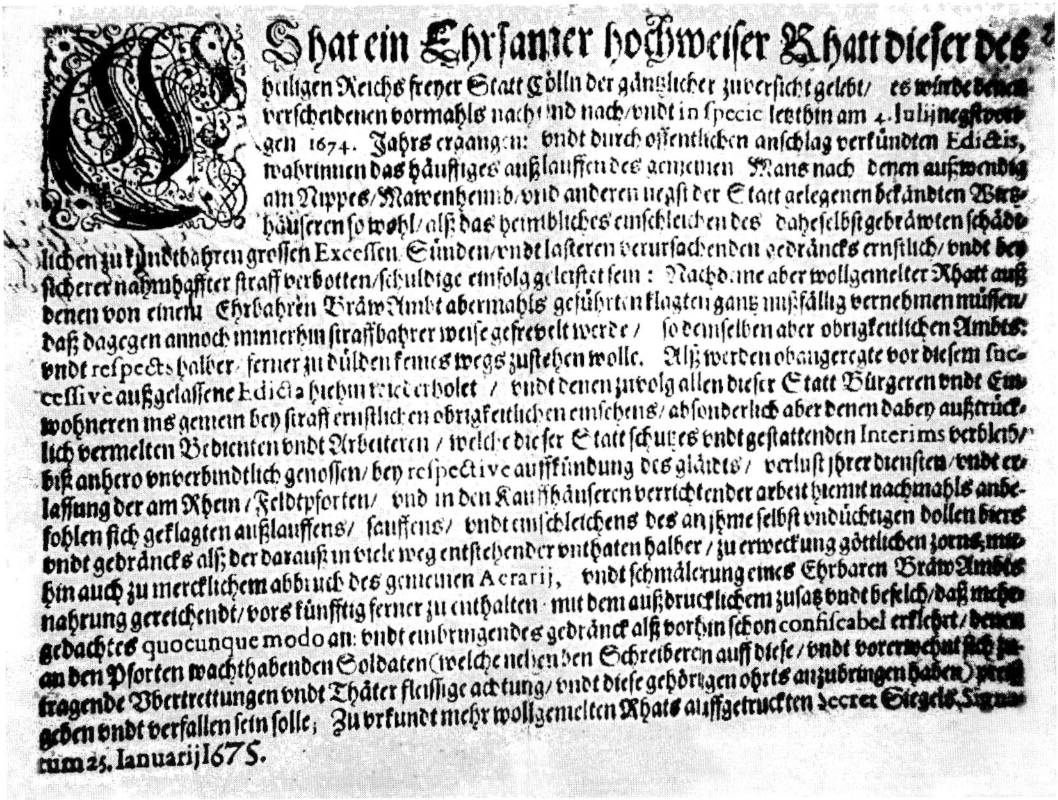
Nachdem hat ein Ehrsamer hochweiser Rhatt dieser des
heiligen Reichs freyer Statt Cölln der gänzlicher zuversicht gelebt/ es würde denen
verschiedenen vormahls nach und nach/vndt in specie letzthin am 4. Julij negstvorhe-
gen 1674. Jahrs ergangen: vndt durch offentlichen anschlag verkündten Edictis,
wahrinnen das häuffiges außlauffen des gemeinen Mans nach denen außwendig
am Nippes/Mawenheimb/vnd anderen negst der Statt gelegenen bekändten Wirts-
häuseren so wohl/ alß das heimbliches einschleichen des daheselbst gebräwten schäd-
lichen zu kündtbahren grossen Excessen. Sünden/vndt lasteren verursachenden gedräncks ernstlich/ vndt bey
sicherer nahmhaffter straff verbotten/schuldige einfolg geleistet sein: Nachdeme aber wollgemelter Rhatt auß
denen von einem Ehrbahren BräwAmbt abermahls geführten klagten gantz mißfällig vernehmen müssen/
daß dagegen annoch immerhin straffbahrer weise gefrevelt werde/ so demselben aber obrigkeitlichen Ambts:
vndt respects halber/ ferner zu dülden keines wegs zustehen wolle. Alß werden obangeregte vor diesem suc-
cessive außgelassene Edicta hiemit wiederholet / vndt denen zufolg allen dieser Statt Bürgeren vndt Ein-
wohneren ins gemein bey straff ernstlichen obrigkeitlichen einsehens/ absonderlich aber denen dabey außtrück-
lich vermelten Bedienten vndt Arbeiteren / welche dieser Statt schutzes vndt gestattenden Interims verbleib/
biß anhero vnverbindtlich genossen/ bey respective auffkündung des glaidts/ verlust ihrer diensten/vndt er-
lassung der am Rhein / Feldtpforten/ vnd in den Kauffhäuseren verrichtender arbeit hiemit nachmahls anbe-
fohlen sich geklagten außlauffens/ sauffens/ vndt einschleichens des an ihme selbst vndüchtigen bollen biers
vndt gedräncks alß der darauß in viele weg entstehender vnthaten halber / zu erweckung göttlichen zorns, mit-
hin auch zu mercklichem abbruch des gemeinen Acrarij, vndt schmälerung eines Ehrbaren BräwAmbts
nahrung gereichendt/ vors künfftig ferner zu enthalten mit dem außdrucklichem zusatz vndt befelch/ daß mehr-
gedachtes quocunque modo an: vndt einbringendes gedränck alß vorhin schon confiscabel erklehrt/ denen
an den Pforten wachthabenden Soldaten (welche neben den Schreiberen auff diese / vndt vorerwehnt sich zu-
tragende Vbertrettungen vndt Thäter fleissige achtung/ vndt diese gehörigen ohrts anzubringen haben) preiß
geben vndt verfallen sein solle; Zu vrkundt mehr wollgemelten Rhats auffgetruckten Secret Siegels. Signa-
tum 25. Ianuarij 1675.

Abb. 16 Edikt vom 25.1.1675

Nachdem mittlerweile zahlreiche Ratsbeschlüsse und Edikte gegen den Biertourismus nach *Nippes* und anderswo ergangen waren, sah sich das Stift St. Kunibert im Jahr 1678 veranlaßt, eine Biersteuer in seiner Herrlichkeit Mauenheim zu erheben.[155] Zahlen sollten nicht nur die ansässigen Bierbrauer, sondern auch ihre Gäste. Einerseits wollte das Stift auf diesem Wege an dem offenbar sehr lohnenden Biergeschäft teilhaben, andererseits versuchte es so vielleicht ein wenig Einfluß auf die Auswüchse und groben Exzesse nach Alkoholkonsum *am Nippes* und in der Folge in Köln zu nehmen. Es fürchtete wohl um seinen Ruf in Köln und in Kurköln. Von durchschlagendem Erfolg scheint aber

155 HAStK: Akten des Stiftes St. Kunibert, Kun A 11h, S. 81.

auch diese abschreckende Maßnahme nicht gewesen zu sein, denn am 26. 1. 1680 wiederholte der Kölner Rat seine Vorschriften.[156] Der Text gleicht im wesentlichen dem Text des Ediktes vom 25. 1. 1675.

Erst acht Jahre später erneuerte der Rat sein Verbot wider des *Frevels und des Verbrechens in Nippes.*[157]

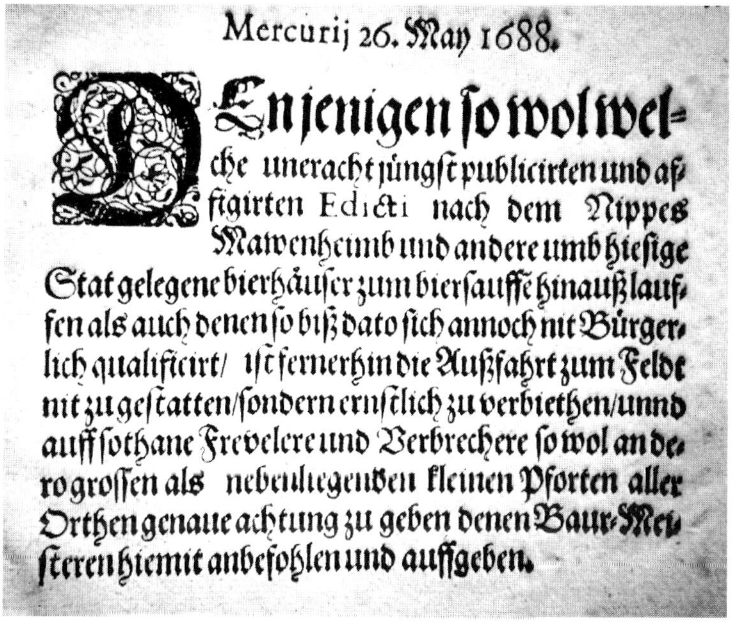

Mercurij 26. May 1688.

DEnjenigen so wol welche unerachtjüngst publicirten und affigirten Edicti nach dem Nippes Mawenheimb und andere umb hiesige Stat gelegene bierhäuser zum biersauffē hinauß lauffen als auch denen so biß dato sich annoch nit Bürgerlich qualificirt/ ist fernerhin die Außfahrt zum Felde nit zu gestatten/sondern ernstlich zu verbiethen/unnd auff sothane Frevelere und Verbrechere so wol an dero grossen als nebenliegenden kleinen Pforten aller Orthen genaue achtung zu geben denen Baur-Meisteren hiemit anbefohlen und auffgeben.

Abb. 17 Edikt vom 26.5.1688

Das Edikt vom 18.5. 1691 in gleicher Angelegenheit entsprach inhaltlich dem vom 4.7. 1674. Ergänzt wurde es von einem Zusatz, der noch einmal ausdrücklich das Verbot gegenüber den *Stattbedienten* betonte. Denn folgt man dem Text, fanden sich einige von Ihnen täglich oder häufig in dem Weingarten bei St. Kunibert ein, um dort das *dolle Bier zu saufen.*[158]

In Mauenheim erhielt am 1.3. 1695 der Schultheiß vom Kapitel des Kunibertstiftes den Auftrag, von jedem ortsansässigen Wirt, der Bier verkauft hatte, einen Dukaten für die Kirche einzuziehen.[159]

Am 22.7. 1695 wurde das altbekannte Verbot des Kölner Rates *„renoviert"* und *„wieder aufgelegt"*.[160] Der Entwurf des Ediktes stand als Tagesordnungspunkt *Verbottenes dolles Biertrinken am Nippes betreffend* wieder auf dem Arbeitsprogramm der Kölner Ratsherren.[161] Sein Inhalt ist insofern von besonderer Bedeutung, weil hierin auch das Kloster Altenberg erwähnt wurde. Allerdings ging es nicht um den Alten-

156 HAStK: Edikte, Buch Nr. 25, S. 271b, 272a, b.

157 HAStK: Edikte, Buch Nr. 6, S. 245.

158 HAStK: Edikte, Buch Nr. 27, S. 79a, b, und Buch Nr. 6, Seite 244.

159 Leben vor 300 Jahren, Heinrich Nassenstein, Selbstverlag, Leverkusen 1995, S. 78.

160 HAStK: Edikte, Buch Nr. 27, S. 131a.

161 HAStK: Ratsprotokolle, Buch Nr. 142, S. 198 f.

berger Hof in der Herrlichkeit Mauenheim, sondern um die Braustätte in der Herrlichkeit Riehl. Denn in dieser der Herrlichkeit Mauenheim benachbarten und der Abtei Altenberg gehörenden Herrlichkeit wurde ebenfalls, wie wir schon gelesen haben, das *schädlich dolle Bier* gebraut und getrunken. Im Protokollbuch heißt es zum Bierbrauen ebendort, daß dem *Herrn Prälaten von Altenberg anbedeuted werden soll, daß im Distrikt Riehl jegliches Verzapfen des Bieres gänzlich eingestellt werden möge.*

Der Kölner Rat sah sich aufgrund einiger abermals vom Brauamt vorgebrachter Klagen und trotz der bereits zahlreich verfaßten Ratsbeschlüsse und Edikte am 16.7.1698 zur Formulierung eines neuen Ediktes in gleicher Angelegenheit veranlaßt.[162] *Wieder, so hieß es darin, war der gemeine Mann zu dem schädlich dollen und ungewöhnlichen Getränk häufig ausgelaufen. Nicht nur Nippes war sein Ziel gewesen, er hatte seine Schritte auch zu den Bierhäusern an Kesselskaul, Pollerkopf, oberhalb Bayens und unterhalb des Kunibertsturmes sowie anderenorts gelenkt. Wieder war es zu groben Exzessen, Sünden und lasterhaftem Verhalten gekommen. Auch war dem Brauamt dadurch und durch die Schmälerung der Mahlakzise*[163] *einiges an Einnahmen entgangen. Dafür wurden auch die Heckzapfer verantwortlich gemacht, sowie all diejenigen Privatbrauer, die mehr als für ihren eigenen Konsum brauten und den Überschuß verkauften. Den Wirten, die sich vorschriftsmäßig verhielten, war dadurch großer Schaden, der zum Teil bis zum Ruin führte, entstanden. Um das Problem zu lösen und auch erneut zur Abwendung göttlichen Zorns wurde daher beschlossen, daß alle Bürger und Einwohner bei Übertreten des Verbotes einen Goldgulden oder, im Falle des Unvermögens, mit dem Turmgang zum Beispiel auf St. Gereon bestraft würden. Ratsbedienten, Sackträgern, Tarrschürgern, Kohlmüdderen, Ochsensteuerern, Salzträgern, Soldaten und dergleichen Personen, welche auslaufen und saufen, würden ihrer Dienste enthoben. Gärtnern, Fuhrleuten und Holzreissern*[164] *aber, wie auch deren Kinder, Mägde und Knechte, wurde die Arbeit solange verboten, bis die Strafe beglichen war. Die Brauermeister und wachhabenden Soldaten wurden angewiesen, die Einkommenden gehorsamst zu beobachten. Scharf zu verfahren war auch gegen die Heckzapfer, sowie Personen, die über den Eigenbedarf hinaus Bier brauten, und gegen die Bierschmuggler. Heckzapfer waren mit 25 Goldgulden zu bestrafen. Eingeführt werden durfte nur Lütticher Bier bei Vorlage eines Attestes der Stadt Lüttich.*

162 *HAStK: Edikte, Buch Nr. 27, S. 194a, b, 195a, b, 196a, und Buch Nr. 6, S. 247.*

163 *Das Malz wurde vor der Vermengung mit dem Brauwasser gemahlen. Auf diesen Vorgang besaß das Brauamt ein Monopol. Es nahm dafür die Mahlakzise ein.*

164 *Konzessionierte Holzhacker, die gegen Lohn für die Bürger Holz zerkleinerten.*

Aber auch dieser neuerliche und verschärfte Versuch, den Problemen rund um die Herstellung, den Verkauf und Konsum des Bieres beizukommen, fruchtete nicht. Mit dem Edikt vom 30.6.1700 [165], *Das zu dem dollen Bier nach denen umb hiesige Stadt gelegenen Bier- und Wirthshäuseren außlaufende gemeine Volck betreffend* und dem Edikt vom 22.7.1701 [166], sah sich der Kölner Rat zu einer Wiederholung genötigt. Er verwies noch einmal auf die in dieser Angelegenheit bereits ergangenen Edikte vom 11.6.1692, 22.7.1695 und 30.6.1700.

Ein weiterer Nippeser Wirt, nach der bereits genannten Margarethe Hutmacher und dem Engelbert Schaffrath, war ein Mann namens Hauser. Diese Information geht aus einem Grabstein hervor, der noch heute auf dem Kirchhof der alten Niehler Kirche am Rheinufer steht. Er trägt die zwischenzeitlich stark verwitterte Inschrift: „*Anno 1712, den 8. Tag Monats Oktobris starb der Ehrsamen Joannes Theodorus Hauser, gewesener Wirt am Nippes under den Linden, seines Alters 46 Jahr.*“ [167] Die Herrlichkeit Mauenheim mit Nippes gehörte kirchlich bis 1857 zur Pfarre Niehl. Daher erklärt sich, warum ein Nippeser, und nicht nur er, in Niehl begraben wurde.

Die weiteren Edikte zum Thema, die auch stets die Bierhäuser *am Nippes* ausdrücklich nannten, datieren vom 9.8.1713 [168], 9.8.1724 [169] und 10.3.1727 [170]. Vom Inhalt her brachten sie keine Neuerungen.

Aber aus Nippes gibt es dem Jahr 1732 etwas Neues zu berichten. Um die Biersteuer hatte sich nämlich ein langwieriger Streit zwischen dem Stift St. Kunibert und den hiesigen Bierbrauern entwickelt. Die Brauer hatten sich in dem Jahr scheinbar geweigert, die vom Erzbischof und Landesherrn seit 1648 geforderte Akzise für das Bier zu zahlen. Das Kapitel des Stiftes, d.h. die Versammlung der stimmberechtigten Mitglieder des Stiftes, war zugleich Inhaberin der Gerichtsbarkeit in ihrer Herrlichkeit Mauenheim und bestimmte ebenso den hiesigen Schultheißen. Von seiner Machtfülle machte es jetzt unerbittlich Gebrauch. Zur Durchsetzung seiner Forderung scheute es nicht davor zurück, die gewaltsame Eintreibung der Steuern durch den Schultheißen, und die diesem zugeteilten Hilfskräfte des Fronhofes in Mauenheim, anzuordnen. Auch wollte es den seit langem nicht mehr vorhandenen Pranger erneuern, um widerspenstige Bierbrauer daran festbinden zu lassen. [171] Es scheint, als hätten die Bierbrauer ihre Verweigerungshaltung in Sachen Steuerzahlung daraufhin aufgegeben.

165 *HAStK: Edikte, Buch Nr. 27, S. 244a, b, u. 245a.*

166 *HAStK: Edikte, Buch Nr. 27, S. 253a und Buch Nr. 6, S. 246.*

167 *Niehl – Vom Fischerdorf zum Kölner Industrie-Vorort, Robert Christ und Josef Dollhoff, J. P. Bachem Verlag Köln, 1989, S. 82f.*

168 *HAStK: Edikte, Buch Nr. 27, S. 413a.*

169 *HAStK: Edikte, Buch Nr. 28, S. 143a.*

170 *HAStK: Edikte, Buch Chr. V.*

171 *HAStK: Bestand St. Kunibert, Kun A 11n, 20–26, vom 16.7.–1.9.1732.*

In der Stadt Köln gab es weitere Bemühungen, das Problem der Bierreisenden in den Griff zu bekommen. Ein Protokoll des Kölner Rates aus dem Jahr 1733 zum Thema *Auslauffen nach dem Knupp oder dollen Bier außerhalb der Stadt* gibt darüber Auskunft. Zu denen, die diesem Bier nachliefen und an dem *lidderlichen Saufen* teilnahmen, gehörten offenbar auch Bedienstete des Magistrats, also der Stadtverwaltung, wie ein Vertreter der Brauerzunft festgestellt haben wollte. Unter Hinweis auf seinen schon 1727 herausgegebenen und durch den Trommelschlag verkündeten amtlichen Erlaß wiederholte der Kölner Rat sein Verbot an die Verwaltungsangehörigen. Bei Zuwiderhandlung drohte ihnen die Enthebung von ihren Diensten, wobei man in dem Disziplinarverfahren keine Entschuldigung gelten lassen wollte.[172] 1733 hieß es von einem unbekannten Autor und Biertrinker in einem Schriftstück: *„Aldahe (gemeint ist Nipes ahm weißen schorenstein) guten knup getrunken."*[173] Handelte es sich dabei vielleicht um die Tagebucheintragung eines Angehörigen des Magistrates? Unter dem Datum vom 29.5.1743 wurden die Mitarbeiter des Magistrats an das Verbot erinnert.[174]

Das letzte nachgewiesene Edikt aus Anlaß des Konsums von Tollbier in *Nippes* und anderswo ist vom 23.4.1755.[175] Ob damit allerdings auch das Problem im Sinne des Brauamtes und des Rates gelöst oder zumindest in engeren Grenzen gehalten worden war, ist damit noch nicht belegt. Das von dem Sekretär B. H. Nipshagen unterzeichnete Edikt lautete:

„Nachdem bey einem Hoch-, Edel- und Hochweisen Rath dieser des Heiligen Reichs Freyer Statt Cöllen, Banner-Herz, Raths-Freund, und Ambts-Meisteren eines Ehrbaren Bräw-Ambts, abermahlen kläglich vor- und angebracht, was massen wegen des gemeinen Manns häuffigen Auslauffens nach denen also genannten Nippes, Pest-Haus, Mauenheim, Pollerkopff oben Beyen, und in denen Hütten oder Baracken daselbst, wie auch an dem sogenannten Jüdenbüchel, unter St. Cuniberti Thurn, am Klettenberg, oder Horngan, Melathen, und anderen nebst der Statt gelegenen bekannten Häuseren, und dollen Biers-Zäpfferen, gegen Hoch-Wohlgemelten Eines Hoch- Edel- und Hochweisen Raths ausgangene verschiedene pönal[176] *Raths-Schlüß und Edicta, gedachten schädlichen dollen und ungewöhnlichen Geträncks halber in vielen Weegen grobe Excessen, Sünden und Laster begangen werden; anbey auch hierdurch dem Ehrbaren Bräw-Ambt nicht weniger unleidentlicher Abbruch, als dem gemeinen Wesen, durch Schmäle-*

172 Alt Köln Kalender für das Jahr 1915, S.79.

173 Neuer kölnischer Sprachschatz, Prof. Dr. Adam Wrede, Band 2, Greven Verlag Köln 1958, Spalte 226. Siehe auch Abschnitt „Das weiße Türmlein" in diesem Buch auf Seite 22.

174 HAStK: Edikte, Buch Nr. 28, S. 384a.

175 HAStK: Edikte, Buch Nr. 6, S. 248.

176 Das Strafrecht betreffend.

rung der Mahl–Accinsen grosse Verkürzung beschehe, als hat mehr Hoch– Gemelter Hoch– Edel und Hochweiser Rath dem am 11ten Junii 1692 und 10ten Martii 1727 ergangenen Edictis nicht nur ihres allingen Inhalts kräfftig inhärirt[177]*, sonderen auch zu schüldiger Remedier–*[178] *und Abwendung Göttlichen Zorns nochmal beschlossen, und ernsthafft anbefohlen, daß alle Bürger und Einwöhner ins gemein, auff betretten an derley Bier–Getränck, jedesmahl mit einem Goltgulden, oder in Unvermögenheits–Fall mit dem Thurmgang bestrafft, hochgemelten Raths–Bedienten, fort Sack– Koll– und Päckelges Träger, Karrenschürger, Kollmüddere, Ochsenstewer, Saltz–Träger, Soldaten und dergleichen Persohnen aber, welche allsolchen Auslauffens und Sauffens aus angeregten bekänten Ursachen, deren daraus erfolgenden Unthaten und Unglücks ins künfftig sich nit müssigen, ihrer Diensten würcklich entsetzet, und denjenigen, so dieses und anderer desfalls angeschlagener Edicten Übertrettere gehörigen Orths anbringen, eine Vergeltungs Gnade zugewendet werden, den Gärtner, Fuhrleuth, und Holtzreisser aber, wie auch deren Kinder, Mägd und Knecht die Aus– und Einführung an den Feld– und Rhein–Pforten, jedesmahl, bis daran dieselbe die angesetzte Straff würcklich erlegt, durch die Baur–Meistere und Wacht–haltende Soldaten (welche solches gehorsambst zu beobachten unter ebenmässiger Straff angewiesen werden) verbotten seyn, und damit gegenwärtiges Edictum künfftig desto mehreren Nachtruck und schüldige Einfolg gewinnen möge, hat Hochgemelter Hoch– Edel und Hochweiser Rath ein für allemahl beschlossen und verordnet, daß solches an allen und jeden Stadt–Pforten und Kauff Häuseren zu jedermans Wissenschaft angeschlagen, und also ein jeder für Schaden sich zu hüten wissen wolle.“*

Die Franzosen beenden den Streit um das Bier

Der Bier– bzw. Alkoholkonsum aus Anlaß von Volksfesten war früher wie heute an manchen Orten ein sehr erheblicher. So sah sich der Erzbischof und Kurfürst Max Heinrich bereits im Jahr 1662 veranlaßt anzuordnen, daß nur am ersten Tag des Kirchweihfestes *die Nothdurft an Bier und Wein verzapft werden soll.* Ihm war nämlich zu Ohren gekommen, daß das Fest zu *Freß– und Saufftagen gemacht* worden war und es dabei, anstatt dem Gottesdienst und Gebeten nachzugehen, *zu Zank, Schlägereien, Unzucht* gekommen war und *allerhandt Leicht-*

177 Einbezogen, anhaftend.
178 Abhilfe.

fertigkeiten gesucht und getrieben worden waren.[179] Und auch 120 Jahre später sollte sich im Kurfürstentum Köln daran noch nicht viel geändert haben. In den Jahren 1786 und 1787 kam es während der hiesigen Kirmeszeit laut den Akten des Stiftes St. Kunibert zu Schlägereien zwischen Niehler und Mauenheimer Burschen. Auch ist in ihnen zu lesen, daß es im Vorfeld Bemühungen in Form von Appellen an die Mauenheimer bzw. Nippeser und Niehler Jugend gegeben hat, die jährlich drohenden Schlägereien unter allen Umständen zu vermeiden. Bei dennoch vorkommenden Zuwiderhandlungen mußten die Akteure mit Strafen rechnen.[180]

Zum Nachbarn Niehl bestanden auch auf anderen Ebenen über viele Jahrhunderte enge Beziehungen: so in wirtschaftlicher Hinsicht und auch in Form gegenseitiger Hilfeleistungen in Notzeiten.[181] Auch gehörte Mauenheim kirchlich bis 1857 zu Niehl. Die Mauenheimer und Nippeser gingen über den Niehler Kirchweg nach Niehl zur heiligen Messe und begruben ihre Toten auch dort. Von dem am 8. Oktober 1712 gestorbenen Joannes Theodorus Hauser, *gewesener Wirt am Nippes*, war bereits die Rede.

Zuletzt soll zum Thema Bier in Nippes noch der Hinweis gegeben sein, daß sich 1790 hier ein Küfer niedergelassen hatte. Der Bierausstoß vor Ort schien dem Faßmacher groß genug zu sein, so daß er hier für sich ein Geschäft sah.[182]

Wie bereits erwähnt, fiel das Verbot des *häufigen Auslaufens nach Nippes* mit der Einführung der Gewerbefreiheit durch die Franzosen. Mit ihrem Einmarsch in die Stadt Köln 1794 hatten auch die Existenz der Reichsstadt und des Kurstaates Köln ein Ende gefunden. Köln und Kurköln gehörten nun zum Departement de la Roer und der Weg von Köln nach Nippes war für Biertrinker frei und straflos geworden ...

Bevor wir das 18. Jahrhundert verlassen sei noch etwas zu den seinerzeitigen Preisen des Bieres gesagt. In der Stadt Köln mußte in den 1770er und 1780er Jahren für eine Maß gemeines Bier einen Schilling, deswegen auch Schillingsbier genannt, auf den Tisch gelegt werden. Eine Maß des guten braunen Bieres, also des Knupps, kostete dagegen 4 Schillinge bzw. 2 Stüber nach damaliger Währung.[183] Wieviel das Knuppbier in Nippes kostete, ist leider nicht überliefert.

179 Sammlung der Gesetze und Verordnungen, welche in dem vormaligen Churfürstentum Cöln ergangen sind vom Jahr 1463 bis 1816, J.J. Scotti, Düsseldorf 1830/33, S. 289 f.

180 HAStK: Kun A 11s, S. 43 aus 1786 und S. 73 aus 1787.

181 Niehl – Vom Fischerdorf zum Kölner Industrie-Vorort, Robert Christ, Josef Dollhoff, J. P. Bachem Verlag Köln, 1989, S. 26 f.

182 HAStK: Kun A 11s, S. 136 vom 18.1.1790.

183 Welt- und Staatsbothe zu Köln, Nr. 128 vom 11.8.1818.

Nippes wird weiter bekannt

Nach der Auflösung der jahrhundertelang hier vorhandenen politischen und staatlichen Ordnung mit der freien Reichsstadt Köln und dem Kurfürstentum Köln samt der sich darin befindenden Herrlichkeit Mauenheim mit Nippes durch die Franzosen, und während der französischen Besatzungszeit zwischen 1794 und 1814 unternahm Wilhelm Joseph Heinen kurz nach 1800 eine Reise durch Deutschland. Seine Reiseeindrücke faßte er in einem Reiseführer zusammen. [184] Er vermerkte darin unter der Kapitelüberschrift *Vergnügungen ausser der Stadt*:

„Nach Rodenkirchen, Nippes, Weiden wird häufig gelustwandert, am häufigsten aber nach Deutz, einem Flecken gegen Köln über, ...“

Nach den Franzosen kamen die Preußen. Ab 1815 gehörte das Rheinland als neue Provinz zum Königreich Preußen. Im gleichen Jahr erschien ein Reisebericht von J. A. Demian. [185] Er hielt darin fest:

„Die übrigen Oerter, wohin die Kölner zuweilen lustwandeln, sind Brühl, Rodenkirchen, Nippes und Melaten, ...“

1822 wurde dem Fernreisenden und den insbesondere an Köln Interessierten Ausflüglern erneut der Hinweis auf *Nippes* gegeben und die Fahrt bzw. den Gang dorthin empfohlen [186]:

„Auch wird Nippes von Köln aus, da es nur eine halbe Stunde davon entfernt ist, häufig besucht.“

Alle Welt wußte durch diese Reisebücher, daß man gerne nach Nippes fuhr bzw. dorthin lustwandelte. Am Nippes hielt sich der Kölner gerne auf, hier war zu Zeiten besonders was los, hier erlebte man Kurzweil und hier verbrachte der Besucher vergnügliche Stunden. Auf diesem Hintergrund konnte das Verslein entstehen:

„Am Donnerschdag, dat merkt üch och –
Dat malch (ein jeder) nom Neppes kütt –
Am Sonndag geit der zweite Zog –
Eruus noh'm dude Jüdd.“ [187]

Daß der Gang nach Nippes immer eine lustige Angelegenheit war, geht aus diesem Spruch hervor:

„Watt wohr et nit 'ne löst'ge Krohm – Wann mer nohm Neppes ging.“ [188]

184 *Der Begleiter auf Reisen durch Deutschland. (Frei nach dem Französischen bearbeitet, mit einer Vorrede und Zusätzen, die Aachen, Bonn, Coblenz und Cöln betreffen), I. Theil, Cöln am Rhein, 1808, S. 253.*

185 *Statistisch – politische Ansichten und Bemerkungen auf einer Reise durch einen Theil der neuen preussischen Provinzen am Nieder – und Mittelrheine. J. A. Demian, Verlag Heinrich Rommerskirchen, Köln 1815, S. 334.*

186 *Gemälde von Köln. Nebst Ausflügen nach Aachen, Elberfeld, Barmen und Düsseldorf. Joh. Andreas Demian, Verlag Florian Kupferberg. Mainz 1822, S. 172.*

187 *Neuer kölnischer Sprachschatz, Adam Wrede, Greven Verlag Köln 1956, S. 226; gemeint ist hier die Nachfeier des Fastelovends. Leider nannte Wrede nicht die Quelle für das hier zitierte Verslein. Er vermerkte lediglich das Jahr 1828.*

188 *Ebenda; auch hierzu fehlt leider die Quellenangabe, lediglich das Jahr 1829 ist genannt.*

Welche Dimensionen das Vergnügen in Nippes erreichte hatte, läßt sich an dem Zitat aus dem Jahr 1840 ablesen:
„...vom Nippes (Kölns Montmartre!!).“ [189]

Aber nicht nur wegen des vortrefflich mundenden *tollen Bieres*, sondern auch wegen der alljährlich hier stattfindenden, mindestens dreitägigen Kirmes, erlangte Nippes große Popularität. *„Haufenweise strömt Alt und Jung nach den Kirchweihfesten in Nippes und Deutz.“* schrieb Dr. Ernst Weyden in seinem 1862 erschienenen Buch *Köln am Rhein vor fünfzig Jahren* und meinte damit allerdings die Nippeser Herbstkirmes, die nicht mit dem Kirchweihfest identisch war. Wann die Kirmes hier erstmalig gefeiert wurde, ist nicht belegt. Wohl wissen wir von Hermann von Weinsberg, daß er bereits 1577, am 30.4., in Mauenheim bei der Kirmes bzw. dem Kirchweihfest war (siehe Seite 44).

Die ab dem Anfang des 19. Jahrhunderts belegte Kirmes in *Nippes* stellte neben anderen Feier– und Festlichkeiten, wie z.B. dem Karneval, dem Osterfest, dem Erntedankfest und dem Weihnachtsfest für die Nippeser bzw. Mauenheimer einen Höhepunkt im Ablauf eines jeden Jahres dar. Über diese Kirmes und über die Weiterentwicklung des bierbrauenden und –verkaufenden Gewerbes *am Nippes* berichten die nächsten Seiten.

189 Ebenda; ohne Quellenangabe. Montmartre ist das Vergnügungs– und Künstlerviertel von Paris.

Bei einer Kirmes zu Nippes
rief ein Dieb: „Gott vergibt es!“
Als der Herr dies erfuhr,
da grinste er nur
und sprach: „Bei dem Tünnes da piept es!“[190]

Die Nippeser Kirmes im 19. Jahrhundert

Wenn hier über die Kirmes in bzw. *am Nippes* im 19. Jahrhundert berichtet wird, so ist jene Feierlichkeit gemeint, die ihren Ursprung in germanischer Zeit hatte und an der man sich dem vollen Genuß der Herbstgaben widmete. Sie wurde durch eine Entscheidung des Papstes Gregor I. im Jahr 601 nach Christus gebilligt, um die Bekehrung zum Christentum zu stärken. Bei der hier vorgestellten Nippeser Kirmes handelt es sich nicht um die Kirmes bzw. das Kirchweihfest, das von Hermann von Weinsberg am 30.4.1577 in Mauenheim besucht wurde, und auch nicht um die typisch kölsche, halb geistliche, halb weltliche Pfarrkirmes in den Stadtvierteln, die zwischen Pfingsten und August eines jeden Jahres stattfanden und auch heute noch hier und da veranstaltet werden. Die Nippeser Kirmes *fiel ein*, wie man seinerzeit sagte, und zwar, bis auf wenige Ausnahmen, alljährlich am ersten Oktoberwochenende. Der Sonntag war der erste Kirmestag. Das Fest dauerte mindestens drei Tage lang. Auch von einer sogenannten Nachkirmes ist in alten Zeitungsanzeigen die Rede, die weitere zwei Tage anhielt. Der ganze Ort wurde geschmückt, die Wohnhäuser und Wirtschaften entlang der Neusser Straße und im Kreuzungsbereich der Niehler Straße mit der Florastraße erlebten ein großes Reinemachen, es wurde geschlachtet, gebraten und gebacken. Man feierte rund um die Uhr, aß und zechte, lud seine Verwandten ein und bewirtete alle Gäste aus nah und fern auf das Beste. Essen, trinken, tanzen und spielen war das Motto der tollen Tage. Und über allem wachte die mannshohe und dick ausgestopfte Kirmespuppe aus Stroh, *Zachäus* oder *Zacheies* genannt, die am letzten Tag der Feierlichkeiten begraben oder verbrannt wurde.

Nippeser Wirte inserierten nachweislich ab dem Jahr 1814 alljährlich in der weit über Köln hinaus verbreiteten Kölnischen Zeitung und machten so auf das Nippeser Fest in Köln, im Rheinland und darüber hinaus aufmerksam.[191]

In der Ausgabe vom 2.10.1814 hieß es: *„Da wenig bekannt ist, wann die Nippeser Kirmeß gehalten wird, so dient dem geehrten Publikum*

190 Ein Limerick des ehemaligen Kölner Oberstadtdirektors Kurt Rossa (von 1977 bis 1989) in seinem Vorwort zum Buch Kölner Limericks, Dieter Höss, J. P. Bachem Verlag Köln, 1994.

191 Einige Anzeigen fanden sich auch im Welt- und Staatsbothen zu Köln.

gegenwärtiges zur Nachricht, daß selbige heute den 2. Oktober wie gewöhnlich Statt findet.“

1815 gab ein Gastwirt den Hinweis: „*Morgen den 1. Oktober, bei Gelegenheit der Nippeser Kirmes, wird die Kirmestage hindurch bei Herrn Welter daselbst Essen gegeben.*“[192]

Im *Welt- und Staatsbothen zu Köln* vom Sonntag, dem 1.10.1815, gab ein Inserent bekannt: „*Um einem hochgeehrten Publikum auf einige Tage eine angenehme Ausflucht auf das Land zu verschaffen, habe ich, aufgefordert von mehreren Freunden, mich entschlossen, bei Gelegenheit der Nippeser Kirmes einige große geräumige Zelte nahe an der Landstraße zu bauen, wo ich, nebst ausgesuchten guten Weinen und mit allen andern möglichen Erfrischungen, so wie auch Kaffee und Punsch, nebst gut besetzter Tanzmusik, meinen hochgeehrten Gönnern zu den billigsten Preisen aufzuwarten die Ehre haben werde. Es empfiehlt sich zu geneigtem Zuspruch – Baumann.*“

1816 bot Welter aus Anlaß der einfallenden Kirmes „*am Sonntag und den drei folgenden Tagen table d'hôte*“, d.h. eine gemeinschaftliche Wirtshaustafel, in seinem Lokal.[193]

Im gleichen Jahr hieß es im *Welt- und Staatsbothen zu Köln*: „*Auf der Sonntag den 6ten Oktober einfallenden Nipphauser Kirmes sind wie gewöhnlich allerhand Erfrischungen zu haben.*“ Man beachte: *Nipphaus* anstelle von *Nippes*.

1817, am Kirmesmontag den 6.10., fand zusätzlich zur Kirmes ein „*Markt bei Wilhelm Welter am Nippes von 24 Stück Einwinter-Füllen*[194] *verschiedener Farben von einem niederländischen Kaufmann*“ statt.[195]

Dieser Wilhelm Welter war bereits unter dem Datum vom 13.9.1793 im Niehler Kirchenbuch als Schenkwirt zu Mauenheim vermerkt. Welter war einer von 273 Einwohnern in Nippes, die es hier laut der ersten preußischen Volkszählung im Jahr 1816 gab. Zu diesen Nippesern zählten die Statistiker noch die 2 Personen in der Nippeser Mühle[196] und aus dem Weiler Mauenheim (Mauenheimer Höfe) 45 Personen hinzu. Zusammen lebten also hier auf dem Gebiet der ehemaligen Herrlichkeit Mauenheim im Jahre 1816 320 Menschen.

Neben Welter hatte am Sonntag, dem 6.10.1817, auch ein H. Broch im Bothen inseriert (siehe nächste Seite). Wo mag sich „*im grünen Wald*“ – war es der Name seines Wirtshauses oder der Hinweis auf die Lage seines Lokals an der Straße nach Neuss? – am *Nippes* befunden haben?

192 KöZ vom 30.9.1815.
193 KöZ v. 4.10.1816 und 2.10.1817.
194 Fohlen.
195 KöZ v. 2.10.1817.
196 Die Nippeser Windmühle existierte nachweislich seit 1693. Sie stand an der Ecke der heutigen Franziskastraße und Eichstraße. Siehe auch die Kartenausschnitte auf den Seiten 15 und 23. Über diese Windmühle liegt eine vom Autor verfaßte und bisher unveröffentlichte Ausarbeitung vor.

Unterzeichneter empfiehlt bei Gelegenheit der Nippeser Kirmes sein neu angelegtes Wirthshaus allen seinen Gönnern und Freunden bestens, mit gut besezter Tanzmusik, reinen Weinen und sonstigen Erfrischungen; zugleich mache ich bekannt, daß ich zu Fuß und zu Pferd logire.
H. Broch, am Nippes im grünen Wald.

1818 erfahren wir, daß Wilhelm Welter *„den 4ten, 5. und 6. Oktober, bei einfallender Nippeskirmes, Mittagsessen, sowie nachher Tanzmusik“* bot und 1819 zusätzlich guten Wein und alle Erfrischungen.[197/198]

Ein Kölner namens Wimmar Dahlen, Inhaber einer Weinschenke, machte sich in dem Jahr die Nippeser Kirmes zunutze und forderte auf:

„Ihr Apostels–, Michaeler und Nippeser Kirmesgäste,
Auch ihr aus Andreas Rosenkranzfeste
nach Hause zurückkehrende Herren und Damen,
Kommt heut im Gereons–Weinberg zusammen.
Ich zapfe guten alten Wein und auch Most,
Der nur 16 Stüber kost!
Es ist kein ländlich Lokal in dieser Stadt,
Welches diese Merkwürdigkeit hat.“

– Die zwanziger Jahre

1820 beließ man es bei einer Anzeige mit dem allgemeinen Hinweis, daß *„heute, Sonntag, den 1ten Oktober, wie immer, Nippeser Kirmes“* sei.

1821 schaltete neben Welter, der in drei Ausgaben des *Welt– und Staatsbothen zu Köln* inseriert hatte –*„Ich habe die Ehre, meinen Gönnern anzuzeigen, daß ich, wie immerhin, mich beeifern werde, mit guten Weinen und allen Erfrischungen, nebst prompter Bedienung, aufzuwarten. Ich werde Mittagessen geben und mit wohlbesetzter Tanzmusik aufwarten.“* ein weiterer Gastwirt eine Anzeige in der *Kölnischen Zeitung*:[199]

Da ich die Wirthschaft von meinem Schwiegervater Ferdinand Blau übernommen, so lade ich meine Freunde und Gönner auf die am Sonntag den 30. September hier einfallende Kirmeß hiermit höflichst ein, und werde mich bestreben, dieselben durch ein wohlbesetzteres Tanz-Orchester, als bisher gewesen, mit guten Weinen und allen möglichen Erfrischungen, prompt zu bedienen.
Schwann, am Nippes.

Schwann wohnte aller Wahrscheinlichkeit nach im Kreuzungsbereich der Niehler Straße/Florastraße (im oder neben dem Haus *Scho-*

197 KöZ v. 4.10.1818.
198 KöZ v. 3.10.1819.
199 KöZ v. 29.9.1821.

renstein?), denn hier, auf der rechten Seite der Niehler Straße stadtauswärts ist auf einer Karte von 1779 (ohne Abb.) ein Ferdinand Blau als Hofeigentümer notiert.

1822 wiederholen sich die beiden Anzeigen, Schwann nennt seine Gastwirtschaft jetzt *im Blauschen Hause.*[200]

1823 bot Welter bei der am 5., 6. und 7. Oktober einfallenden Nippeser Kirmes neben dem *Table-d'hôte ein gut besetztes Orchester.* Auch ließ er wieder von einen Kaufmann auf seinem Hof 30 Fohlen anbieten.

Im folgenden Jahr 1824 muß Wilhelm Welter entweder weggezogen oder verstorben sein. Denn jetzt inserierte an seiner Stelle ein Joseph Schlagwein, Gastwirt *zur Lilie* am Nippes: *„... in dem vormals von W. Welter bewohnten Hause, zeigt einem verehrten Publikum an, daß er bei der heute einfallenden Kirmeß und folgende Tage, bei wohl besetzter Tanzmusik, mit den preiswürdigsten Weinen und angemessenen Erfrischungen aufzuwarten die Ehre haben wird, und daher zu geneigtem Zuspruch höflichst einladet.“*[201]

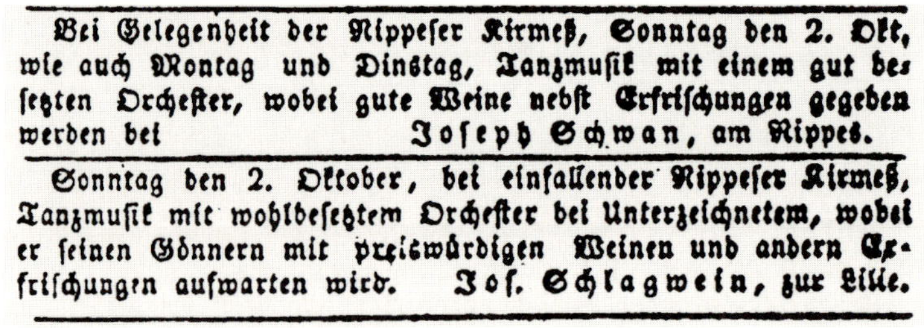
Bei Gelegenheit der Nippeser Kirmeß, Sonntag den 2. Okt, wie auch Montag und Dinstag, Tanzmusik mit einem gut besetzten Orchester, wobei gute Weine nebst Erfrischungen gegeben werden bei Joseph Schwan, am Nippes.

Sonntag den 2. Oktober, bei einfallender Nippeser Kirmeß, Tanzmusik mit wohlbesetztem Orchester bei Unterzeichnetem, wobei er seinen Gönnern mit preiswürdigen Weinen und andern Erfrischungen aufwarten wird. Jos. Schlagwein, zur Lilie.

KöZ v. 2.10.1825

1826 gaben Joseph Schwan und Joseph Schlagwein erneut ihre Anzeigen auf. Schlagwein machte in seinem Text nicht nur auf die üblichen Angebote wie dem *wohlbesetzten Orchester* und den *preiswerten Weinen* aufmerksam, sondern notierte weiter: *„Während der Kirmes, Mittwochs den 4. October, wird hier ein Vogelschießen gehalten werden, wobei mit Scheibenbüchsen die Kugel unter 2 Loth geschossen wird. Die Herren Liebhaber werden höflichst ersucht, an diesem Tage Nachmittags um 2 Uhr sich bei mir dazu einfinden zu wollen.“*

200 KöZ v. 6.10.1822.
201 KöZ v. 3.10.1824.

Bei Gelegenheit der Nippeser Kirmeß, Sonntag den 30. September, wie auch Montag und Dinstag Tanzmusik mit einem gutbesetzten Orchester, wobei gute Weine nebst Erfrischungen gegeben werden, am Nippes bei Joseph Schwan.

Morgen Sonntag den 30. Sept. c., bei einfallender Nippeser Kirmeß, so wie Montag und Dinstag Tanzmusik bei einem wohlbesetzten Orchester. Durch gute preiswürdige Weine und sonstige Erfrischungen wird sich der Unterzeichnete seinen Gönnern bestens zu empfehlen suchen, bittet daher um geneigten Zuspruch.

Auch wird, wenn es die Witterung erlaubt, Mittwoch den [illegible] October c. um ein doppelt damascirtes Jagdgewehr mit Silber eingefaßt, ein Vogelschießen bei mir Statt finden mit Scheibenbüchsen die Kugel unter zwei Loth.

Die Herren Liebhaber werden höflichst eingeladen, sich Nachmittags bei Zeiten dazu bei mir einfinden zu wollen. Nach Beendigung des Schießens wieder Tanzmusik.

Joseph Schlagwein am Nippes

KöZ v. 29.9.1827

Die Nippeser Kirmes nutzte 1828 ein P. W. Köhler für sein Geschäft. In seinem Inserat zeigte er allen hiesigen und auswärtigen Freunden des geselligen Vergnügens an, daß er *vor dem Eigelsteiner Thor auf dem Glacis*[202] *ein Zelt erbaut* habe. Ein *vorzüglich gut besetztes Orchester, recht gute Weine, alle möglichen Erfrischungen, prompte und billige Bedienung* waren seine Empfehlungen. Er bat daher um *geneigten Zuspruch.*

In Nippes boten Schwan und Schlagwein Weine und Erfrischungen an, wobei letzterer ein Angebot hervorhob: *„Zum Schlusse der Kirmeß Mittwoch den 8., Nachtsball unter Leitung des Tanzlehrers Frank, Sohn, und bei einem wohlbesetzten Orchester vom 28. Musik-Chor.*[203] *Entree ist 15 Silbergroschen. Damen sind frei. Anfang ist um 9 Uhr."*[204]

Unter der Überschrift *Fohlenmarkt am Nippes* machten die Gebrüder Waller am Donnerstag vor dem Kirmessonntag auf ihr Angebot aufmerksam: *„Donnerstag, den 2. Oktober werden Unterzeichnete mit einer großen Auswahl schöner holländischer Fohlen beim Gastwirth Schlagwein am Nippes Markt halten. Liebhaber werden höflichst eingeladen."*

Im folgenden Jahr 1829 wiederholten sich die Inhalte der Anzeigen der beiden Nippeser Gastwirte. Auch die Gebrüder Waller waren jetzt am Kirmesdonnerstag mit *sehr schönen holländischen Füllen* vertreten.[205]

202 Glacis nennt man die Erdaufschüttungen vor einem Festungsgraben bzw. das Gelände vor einem Festungswerk. Die Preußen bauten Köln zu einer Festungsstadt aus. In einem Abstand von ca. 500 Metern zur mittelalterlichen Stadtmauer legten sie ab 1815 einen Ring von insgesamt 11 Forts an. Die ersten 6 wurden bereits 1825 fertiggestellt. Dazu gehörte das Fort X, benannt nach Prinz Wilhelm, das bis heute erhalten ist und sich in der Nähe des Eis- und Schwimmstadions befindet. Siehe Abb. 19, S. 86.

203 Hiermit dürften die Militärmusiker des Infanterie-Regiments von Goeben (2. Rheinisches) Nr. 28 gemeint sein, das zu der Zeit in Köln stationiert war.

204 KöZ v. 4.10.1828.

205 KöZ v. 3.10.1829.

Bei Gelegenheit der Nippeser Kirmeß Sonntag den 4. dieses, so wie die darauf folgenden Tage, bei Unterzeichnetem gut besetzte Tanzmusik, und zum Schluße der Kirmeß, Mittwoch den 7. dieses, Nachtsball, mit wohlbesetztem Orchester vom Musikkorps des 28. Inf.-Reg., unter Leitung des Tanzlehrers Franken, Sohn. Entree 15 Sgr.; Damen frei. Anfang Abends 8 Uhr.

Durch preiswürdige Weine, Speisen und sonstige Erfrischungen wird derselbe sich seinen Freunden, welche ihn mit ihrem Besuche beehren, bestens zu empfehlen suchen. Jos. Schlagwein.

Bei Gelegenheit der Nippeser Kirmeß Sonntag den 4. Oktob. 1829, wie auch Montag und Dinstag Tanzmusik mit einem gut besetzten Orchester, wobei gute Weine nebst Erfrischungen gegeben werden.

Jos. Schwan, am Nippes.

KöZ v. 3.10.1829

– Die dreißiger Jahre

Ab 1830 fehlte Gastwirt Schlagwein als Inserent in der Kölnischen Zeitung, dafür gesellte sich in den Jahren 1830 und 1831 ein T.W. Horst zu Joseph Schwan. Auch Horst ließ Tanzmusik aufspielen und Schwan griff auf das Musikchor des 31. Infanterie–Regiments zurück.[206]

Am Ende des Jahres 1831 lebten in dem immer noch bäuerlich geprägten Nippes 330 Menschen, in der Windmühle niemand mehr und auf den Mauenheimer Höfen 49 Personen, zusammen also 379 Einwohner.[207] In den Jahren seit 1816 hatte sich die Bevölkerungszahl demnach um 59 Personen erhöht. Vier Nippeser erzielten Anfang der 30er Jahre Einkommen durch ein Wirtedasein, nämlich Horst, Schwan, der gleichzeitig auch ausgewiesener Bierbrauer war, sowie Schmitz und Uhles. Bemerkenswert erscheint in diesem Zusammenhang, daß die inserierenden Wirte keinen Hinweis auf ihr Bierangebot machten, sondern ihre Weine empfahlen. Wein war zu jener Zeit ein in bürgerlichen Kreisen beliebtes Getränk. Das Bier, das Getränk des Volkes, war vermutlich unter den *sonstigen Erfrischungen* verborgen. Es sollte erst in Anzeigen ab dem Jahr 1838 offen angeboten werden.

Bei Gelegenheit der Nippeser Kirmeß heute Sonntag, Montag und Dinstag Tanzmusik mit wohlbesetztem Orchester vom Musikchor des 28. Regiments, wobei sich mit guten Weinen und sonstigen Erfrischungen bestens empfiehlt Jos. Schwan am Nippes.

206 KöZ v. 3.10.1830 und 2.10.1831. Der Stab sowie das 1. und 2. Bataillon des Infanterie–Regiments Graf Bose (1. Thüringisches) Nr. 31 lagen zum Schutz der Stadt Köln von 1830 bis 1832 in Köln.

207 Übersicht der Gebietseintheilung des Reg. Bezirks Cöln am Schluße des Jahres 1831, S. 15.

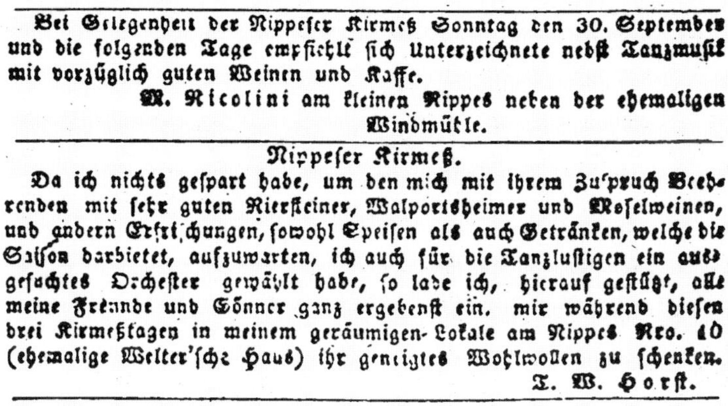

Bei Gelegenheit der Nippeser Kirmeß Sonntag den 30. September und die folgenden Tage empfiehlt sich Unterzeichnete nebst Tanzmusik mit vorzüglich guten Weinen und Kaffe.

M. Nicolini am kleinen Nippes neben der ehemaligen Windmühle.

Nippeser Kirmeß.

Da ich nichts gespart habe, um den mich mit ihrem Zuspruch Beehrenden mit sehr guten Niersteiner, Walportsheimer und Moselweinen, und andern Erfrischungen, sowohl Speisen als auch Getränken, welche die Saison darbietet, aufzuwarten, ich auch für die Tanzlustigen ein ausgesuchtes Orchester gewählt habe, so lade ich, hierauf gestützt, alle meine Freunde und Gönner ganz ergebenst ein, mir während diesen drei Kirmeßtagen in meinem geräumigen Lokale am Nippes Nro. 10 (ehemalige Welter'sche Haus) ihr geneigtes Wohlwollen zu schenken.

T. W. Horst.

Drei Anzeigen aus 1832 [208]

Nicolini gab seinen Gästen eine genaue Lagebezeichnung mit auf den Weg: *am kleinen Nippes neben der ehemaligen Windmühle.* Beim *kleinen Nippes* handelte es sich zweifelsfrei um die Gegend des Kreuzungspunktes Niehler Straße/Florastraße. Neben der Windmühle muß demnach auf der linken Seite (stadtauswärts) der Niehler Straße gewesen sein, heute etwa zwischen Franziska– und Wilhelmstraße. Auch Horst sah sich veranlaßt, den Kirmesgästen die Lage seines Etablissements genau zu benennen: *am Nippes Nro 10 (ehemalige Welter'sche Haus).* Wir erinnern uns: Welter hatte letztmalig 1823 inseriert.

T. W. Horst schob am Dienstag, dem 2.10.1832, eine Anzeige nach: *„Indem ich allen denjenigen Herren und Damen, welche mich gestern und vorgestern mit ihrem werthen Zuspruch beehrten, herzlich danke, erlaube ich mir, alle meine Freunde und Gönner heute zum Beschluß der Nippeser Kirmes nochmals höflichst einzuladen.“*

1833 fand der Zeitungsleser nur die Anzeigen von Schwan und Nicolini mit den bekannten Texten.[209]

1834 taucht neben Schwan, der letztmalig inserierte, und Nicolini ein neuer Wirt *am Nippes* in den Zeitungsanzeigen auf: Theodor Volk. Er führte sich mit folgendem Text ein: *„Sonntag, den 5. Oktober bei Gelegenheit der Kirmeß findet bei dem Unterzeichneten eine wohlbesetzte Tanzmusik Statt, wozu er seine geehrten Freunde und Gönner ergebenst einladet. Durch gute Weine und sonstige Getränke, verbunden mit prompter Bedienung, wird er sich bestreben, den geneigten Zuspruch zu verdienen.“*

Volk zeichnete auch als Veranstalter des diesjährigen Fohlenmarktes am Kirmesmontag. Angeboten wurden *eine große Auswahl von hollän-*

208 KöZ v. 29.9., 30.9. und 1.10.1832. Erstmals wurden Anzeigen über mehrere Tage wiederholt.

209 KöZ v. 6.10.1833.

dischen Einwinterfohlen erster Qualität, worunter sich viele Hengste und egale Paare befanden.[210]

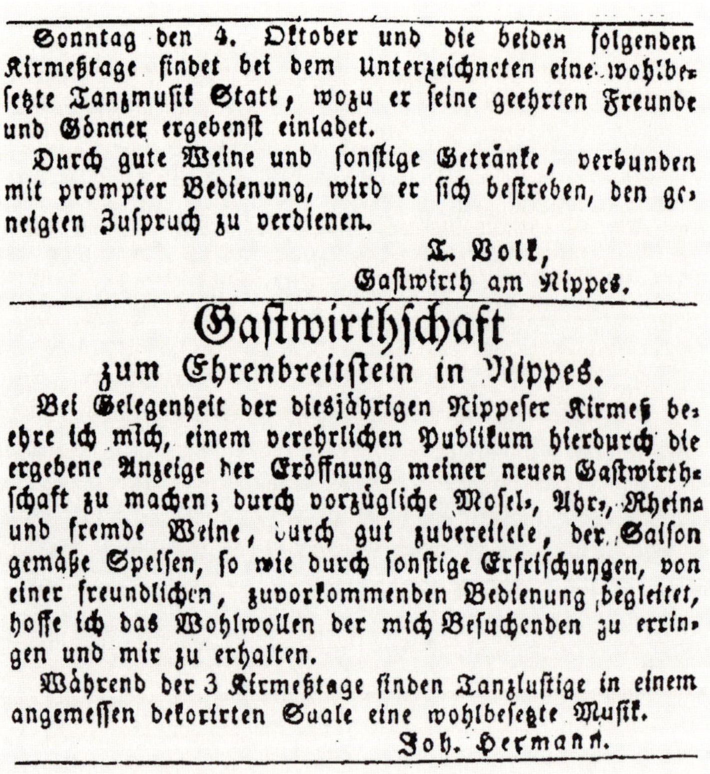

Sonntag den 4. Oktober und die beiden folgenden Kirmeßtage findet bei dem Unterzeichneten eine wohlbesetzte Tanzmusik Statt, wozu er seine geehrten Freunde und Gönner ergebenst einladet.

Durch gute Weine und sonstige Getränke, verbunden mit prompter Bedienung, wird er sich bestreben, den geneigten Zuspruch zu verdienen.

T. Volk,
Gastwirth am Nippes.

Gastwirthschaft
zum Ehrenbreitstein in Nippes.

Bei Gelegenheit der diesjährigen Nippeser Kirmeß beehre ich mich, einem verehrlichen Publikum hierdurch die ergebene Anzeige der Eröffnung meiner neuen Gastwirthschaft zu machen; durch vorzügliche Mosel-, Ahr-, Rhein- und fremde Weine, durch gut zubereitete, der Saison gemäße Speisen, so wie durch sonstige Erfrischungen, von einer freundlichen, zuvorkommenden Bedienung begleitet, hoffe ich das Wohlwollen der mich Besuchenden zu erringen und mir zu erhalten.

Während der 3 Kirmeßtage finden Tanzlustige in einem angemessen dekorirten Saale eine wohlbesetzte Musik.

Joh. Hermann.

Anzeigen aus dem Jahr 1835.[211]

Der Ort Ehrenbreitstein bei Koblenz, gegenüber der Einmündung der Mosel in den Rhein gelegen, ist durch die gleichnamige preußische Kasernen- und Festungsanlage bekannt. Möglicherweise hat hier der Johann Hermann seinen Dienst bei der Waffe geleistet. In guter Erinnerung an diese Zeit wählte er vielleicht diesen Namen für sein neues Nippeser Lokal.

1836 wartete die Nippeser Kirmes mit einer Attraktion auf: *Eine Gesellschaft Kunstreiter mit sechzehn Pferden waren am Nippes angekommen und wollten während der Kirmestage Vorstellungen in der edlen Reitkunst geben,* hieß es in der Anzeige.[212]

Theodor Folk und Johann Herrmann baten zum Tanz:

210 KöZ v. 4.10. und 5.10.1834.
211 KöZ v. 4.10., 5.10. und 6. 10.1835.
212 KöZ v. 1.10.1836.

Sonntag den 2. Oktober und die beiden folgenden Kirmeßtage findet bei dem Unterzeichneten eine wohlbesetzte Tanzmusik Statt, wozu er seine geehrten Freunde und Gönner ergebenst einladet.

Durch gute Weine und sonstige Getränke, verbunden mit prompter Bedienung, wird er sich bestreben, den geneigten Zuspruch zu verdienen.

T. Folk, Gastwirth am Nippes.

Einladung zur Nippeser Kirmeß.

☞ Bei Gelegenheit der diesjährigen Kirmeß beehre ich mich, einem verehrlichen Publikum hierdurch die ergebene Anzeige zu machen, daß in meinem Gasthaus zum Ehrenbreitstein gute Mosel-, Ahr- und Rheinweine, gut zubereitete, der Saison gemäßige Speisen, so wie auch sonstige Erfrischungen verabreicht werden; auch von einer freundlichen, zuvorkommende Bedieinung begleitet, hoffe ich das Wohlwollen der mich Besuchenden zu erringen.

Während der 3 Kirmeßtage, Sonntag den 2., Montag den 3. und Dinstag den 4. Oktober finden Tanzlustige in einem angemessenen Saale eine wohlbesetzte Tanzmusik.

Johann Herrmann.

KöZ v. 2.10.1836

1837 stellten sich die neuen Gastwirte Harff und Jakob Lobusch vor. Letzterer wartete mit einem neuerbauten Zelt auf. Harff bot den Gästen nicht nur *Harmonie–dansante*[213], sondern auch einen neuen Service: Sie konnten sich mit einer Kutsche über die Neusser Straße nach Nippes bzw. nach Köln fahren lassen.[214]

KöZ v. 30.9.1837 und 4.10.1837

☞ Zur Feier der Kirmeß am Nippes
wird Sonntag den 1. Oktober, wie auch die folgenden Kirmeßtage Nachmittags beim Kaffe Harmonie, und Abends Tanz Statt finden, wobei ich mich mit guten Weinen und Speisen nebst aller Art Erfrischungen bestens empfehle. Zugleich habe ich die Einrichtung getroffen, daß während der Kirmeßtage, Nachmittags von 2 Uhr an, zu jeder beliebigen Zeit Wagen zur Hin- und Herfahrt vom Miethkutscher Rott bei Herrn Decker auf dem Eigelstein bereit stehen.

Nippes, den 30. Septbr. 1837.

G. Harff.

☞ Harmonie-dansante am Nippes,
wird heute Mittwoch den 4. Oktober bei mir Statt finden, wozu ich meine Freunde und Gönner ergebenst einlade.

Harff am Nippes.

213 Tanzmusik gespielt von einem Blasorchester, bestehend aus Blech– und Holzinstrumenten und meist auch mit einem Schlagzeug.

214 KöZ v. 30.9., 1., 2. 3. und 4.10.1837.

Für das Jahr 1838 sind in Nippes sieben Gastwirte notiert: Valentin Bedbur, Josef Harff, Jakob Lobusch, Nicolini, Vincenz Schmitz, Heinrich Uhles und Theodor Volk. Bis auf Nicolini, der an der Niehler Straße ansässig war, hatten alle ihre Wirtschaften auf der Clevischen Straße, so wurde seinerzeit die Neusser Straße genannt.[215] Josef Harff hatte neben seiner Wirtschaft das *Kölner Zelt* aufgeschlagen und erneut einen Pendelverkehr mit Kutschen zwischen Eigelstein und Nippes eingerichtet. Seine Tanzbälle standen unter der Leitung des Kölner Tanzlehrers Brichot.

Nippeser Kirmeß

Heute Dinstag Harmonie und Tanzmusik im neuen Zelte. Morgen Mittwoch Nachmittags beim Kaffe Harmonie und Abends Ball unter Leitung des Hrn. Tanzlehrers Brichot, wozu die Karten im Lokal, so wie in Köln, große Neugasse Nr. 36, zu haben sind.

Harff.

Kirmeß am Nippes.

Heute Mittwoch Nachmittags beim Kaffee Harmonie und Abends Ball unter Leitung des Herrn Tanzlehrers Brichot im Zelte. Anfang 6 Uhr.

Harff.

Kirmeß am Nippes.

Auf mehrfaches Verlangen heute Donnerstag große Kaffeegesellschaft und Harmonie vom Musikcorps des 25. Infanterie-Reg. in dem neuen Zelte bei

Harff.

KöZ v. 29.9., 2.10., 3.10. u. 4.10.1838

Kirmeß am Nippes.

Meinen Freunden und Gönnern die ergebene Anzeige, daß ich zur Erweiterung meiner Wirthschaft für die am 30. September, 1. u. 2. Oktober fallenden Kirmeßtage auch ein sehr geschmackvolles großes Zelt aufgeschlagen, worin während der Kirmeßtage große Harmonie und Tanzmusik vom Musikcorps des 25. Infanterie-Regiments Statt finden wird, wobei ich mich mit gutem Kaffe, Wein und der Saison angemessenen Erfrischungen bestens empfehle.

Mittwoch den 3. Oktober Abonnements-Ball, wozu die Liste bei dem Unterzeichneten offen liegt.

Auch habe ich die Einrichtung getroffen, daß der Kutscher Rott mit seinem großen Charabanc-Wagen von Mittags 2 Uhr an bis Ende der Vergnügungen von Herrn Decker auf dem Eigelstein für 5 Sgr. hin- und herfährt.

Harff.

Valentin Bedbur fanden die Kirmesgäste in seinem *Bierkeller vor Nippes*:[216]

Nippeser Kirmeß

ladet seine verehrten Gönner und Freunde ganz ergebenst ein

W. Bedbur,
am Bierkeller vor Nippes.

Volk ließ zusätzlich ein *baierisches Bolzenschießen* und einen *Oktoberball* stattfinden. Scheinbar stand Nippes 1838 im Zeichen der blau–weißen Farben.

215 HAStK: Bestand Bürgermeisterei Longerich, Akte 867/132.

216 Damit das Bier längere Zeit haltbar blieb, mußte es kühl gelagert werden. Die maschinelle Kühlung war noch nicht erfunden. Möglicherweise hatte Bedbur hier eine Wirtschaft mit kühlen Kellerräumen zur Verfügung.

Sonntag den 30. September und die beiden folgenden Kirmeßtage findet bei dem Unterzeichneten eine wohlbesetzte Tanzmusik Statt, wozu er seine geehrten Freunde und Gönner ergebenst einladet.

Durch gute Weine und sonstige Getränke, verbunden mit prompter Bedienung, wird er sich bestreben, den geneigten Züspruch zu verdienen.

T. Folk,
Gastwirth am Nippes.

KöZ v. 29.9.1838
Erstmals erhielt eine Anzeige für die Nippeser Kirmes einen auffälligen Schmuckrahmen

Im Jahr 1839 nannte Harff, der sich offenbar zu einem bedeutenden Gastwirt in Nippes entwickelte hatte, seine Gastronomie *Kaiser Zelt*:

Kirmeß am Nippes.

Meinen geehrten Freunden und Gönnern beehre ich mich die ergebene Anzeige zu machen, daß ich zur Feier der diesjährigen Kirmeß ein großes und elegantes

Kaiser-Zelt

erbaut habe. Während der Kirmeßtage wird Nachmittags Caffee-Gesellschaft und Harmonie unter der Leitung des Capellmeisters Herrn Engelmann, und später Tanz; Mittwoch den 9. aber nur Caffee-Gesellschaft und Harmonie Statt finden.

Zu dem Abonnements-Balle am Donnerstag den 10. d. Mts. wird eine Liste in Circulation gesetzt.

Es wird meine Sorge sein, durch preiswürdige Weine, schmackhaft bereitete Speisen und Erfrischungen das mir bisher zu Theil gewordene Zutrauen meiner, mich mit ihrem Besuche beehrenden Freunde fortwährend zu erhalten.

NB. Wagen stehen bei Herrn Decker auf dem Eigelstein zu $2\frac{1}{2}$ Sgr. pro Person bereit.

Nippes, im October 1839.

G. J. Harff.

KöZ v. 5.10.1839

Heute Mittwoch den 9. October
im Kaiser - Zelt
am Nippes
Caffe-Gesellschaft und Harmonie unter Leitung des Herrn Capellmeisters Engelmann.
Morgen Donnerstag den 10. October
Abonnements-Ball.
Entree 15 Sgr. Damen frei. Eintrittskarten sind bei Herrn Conditor Stadtler, Wallrafsplatz, H. Paul Decker, Eigelstein, Harff, Altenmarkt, Schildergasse und Domhof zu haben.
Seine Freunde und Gönner ladet ein
C. J. Harff.

KöZ v. 9.10.1839

Bei Volk fand während der Kirmestage am 7. und 8.10. wieder *Fohlenmarkt* statt, und Bedbur bot auch schon zur Vorfeier der Kirmes seinen *baierischen Bierkeller* an.[217]

– Die vierziger Jahre

Die Anzeigen der Nippeser Gastwirte erschienen in der Kölnischen Zeitung mit dem Beginn der vierziger Jahre jetzt an jedem Tag der Kirmes und auch bereits im Vorfeld. Auch nahmen sie von nun an mehr Raum ein und wurden damit informativer. Als Beispiel dient hier die Anzeigenserie von Harff aus dem Jahr 1840:

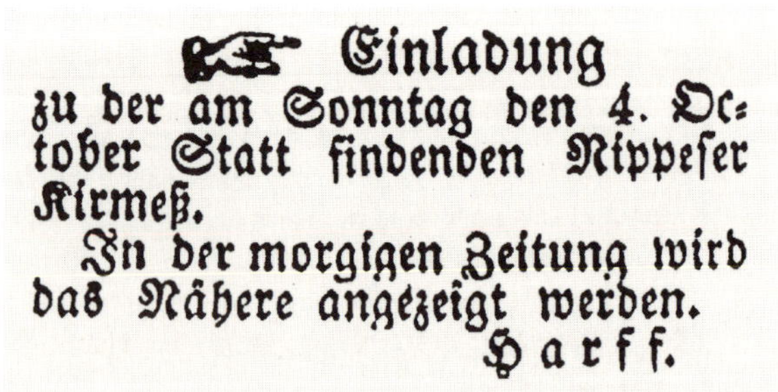
Einladung
zu der am Sonntag den 4. October Statt findenden Nippeser Kirmeß.
In der morgigen Zeitung wird das Nähere angezeigt werden.
Harff.

217 *KöZ v. 4.10. und 5.10.1839*

Nippeser Kirmeß.

Meinen geehrten Freunden und Gönnern erlaube ich mir die ergebenste Anzeige zu machen, daß ich bei Gelegenheit der diesjährigen Kirmeß wieder ein sehr geräumiges und elegant eingerichtetes Zelt erbaut habe, worin an den 3 ersten Kirmeßtagen, am 4. 5. und 6. Harmonie und Tanzmusik, am 7. Harmonie und Caffe-Gesellschaft und am 8., zum Beschluß, ein großer Festball Statt finden wird.

Besonders muß ich noch bemerken, daß mein diesjähriges Zelt, nicht wie im vorigen Jahre, von Köln kommend rechts, sondern hinter meinem am Anfang des Dorfes von Köln kommend links liegenden Hause aufgestellt ist, und zwar so eingerichtet, daß das Zelt mit den sich an meinem Hause befindenden geräumigen und schön eingerichteten Zimmern in Verbindung steht, welche für einfallendes unfreundliches und kühles Wetter den besten Schutz gewähren.

Die zweckmäßige Einrichtung und schöne Decoration meines Zeltes, mit einem wohlbesetzten Orchester und die von mir verabreichten schmackhaften Speisen und gute Getränke sollen meinen mich mit ihrem Besuche Beehrenden beweisen, wie sehr ich darauf bedacht sein werde, mir das in frühern Jahren geschenkte Zutrauen auch für die Zukunft zu sichern.

Harff.

P.S. Nitt zo vergesse:

Dejenige, de welle kumme bei der Harff an ät Reppes hin,
För de heisch ät gefälligs ekkers gät links gesinn.
Un dejinige, de nitt gähn zu Fooß welle gohn,
Finge om Eigelstein beim Decker bequeme Wage stohn.

Nippeser Kirmeß.

Heute Harmonie und Tanzmusik im neu erbauten Zelte mit den damit verbundenen Zimmern bei

Harff.

Nippeser Kirmeß.

Heute große Caffe-Gesellschaft mit Harmonie im neu erbauten Zelte mit den damit verbundenen Zimmern bei

Harff.

Nippeser Kirmeß.

Heute zum Beschluß der Kirmeß
Caffegesellschaft, Harmonie u. später großer Abonnements-Ball
unter der Leitung des Herrn M. J. Franken, Sohn, im neu erbauten Zelte mit den damit verbundenen Zimmern bei

Harff.

Nippeser Nachkirmeß.

Die Theilnahme, welche mir in den diesjährigen Kirmeßtagen troß der unfreundlichen Witterung von meinen mich beehrenden Freunden zu Theil wurde, veranlaßt mich, hiermit meinen herzlichsten Dank auszusprechen und gern bin ich daher bereit, dem Wunsche vieler meiner Freunde zu entsprechen, zum Schlusse der heutigen Nachkirmeß noch einmal Caffe-Gesellschaft mit Harmonie und später ein Tänzchen zu veranstalten, wobei sich besonders guter Wein nebst schmackhaften Speisen auszeichnen sollen.

Harff.

P. S. Wagen zur Hinfahrt stehen bei Hrn. Decker auf dem Eigelstein, pr. Person 2½ Sgr. bereit.

KöZ v. 3.10., 4.10., 5.10., 7.10., 8.10. und 11.10.1840

Ein mit den Angeboten von Harff sehr zufriedener Besucher der Nippeser *Kirmes sah sich veranlaßt, seine Meinung in der Kölnischen Zeitung* zu verbreiten:

Nippeser Kirmeß.

Motto:
Nohm Neppes läuf wer laufen darf,
Do höpp mer, danz un sprink,
Un höht de Musik vun der Harf,
Mer karreseet un drink!
Et kölsche Levve.

So dachte auch ich als Freund der kölner Lebensmanier, welche in Buchheim und Rodenkirchen mir so sehr gefiel, und wanderte auch zu Harff am Nippes.

Wenn je ein kölnisch ländliches Fest lobende Anerkennung verdient, so ist es dieses.

Eine zweckmäßige Einrichtung, verbunden mit einem prachtvoll decorirten Zelte, wo unter andern schönen Gruppen, die Büste unseres allverehrten Königs Friedrich Wilhelm IV., mit Kränzen, Blumen und Guirlanden geschmückt, prangt bietet den Gästen ein imposantes und in jeder Beziehung seltenes Vergnügen.

Nicht minder liefert die Harff, als Instrument betrachtet, reine Töne, oder in Deutsch gesagt: als Wirth, reine preiswürdige Weine, so daß er mit Recht als kölner Nipprath genannt zu werden verdient. (Eingesandt)

KöZ v. 5.10.1840

Hier an dieser Stelle sei noch einmal auf die Anzeige von Volk hingewiesen, in der er bei *Nippes* von *Nipphaus* spricht:

Nippeser Kirmeß.

Bei der am Sonntag eintretenden Nippeser Kirmeß habe ich mich bewogen gefunden, ein großes und geschmackvolles Zelt unweit Nipphaus auf Köln an zu bauen.

Durch die schöne Lage und Bequemlichkeit des Zeltes bin ich versichert, daß alle mich besuchenden Freunde und Gönner ganz befriedigt den Ort des geselligen Vergnügens verlassen werden, und sich schon auf die noch kommenden Tage erfreuen.

Am Sonntag, Montag und Dinstag ist in meinem eleganten großen Kaiser-Zelte Tanzmusik, Mittwoch Harmonie und Donnerstag Abonnements-Ball vom Musikchor des hohlöbl. 25. Infanterie-Regiments.

Die Wagen zum Hin- und Herfahren stehen bei Herrn Th. Breuer auf dem Eigelstein bereit.

Zu diesen Festtagen ladet ergebenst ein
Th. Volk.

KöZ v. 4.10.1840

Ball-Anzeige.

Heute Mittwoch den 7. October wird ein glänzender Abonnements-Ball in meinem großen und geschmackvoll erbauten Kaiser-Zelte Statt finden. Der Anfang ist um 7 Uhr. Karten sind bei Hrn. Th. Breuer auf dem Eigelstein, wo die Wagen zum Abfahren bereit stehen, so wie an der Kassa zu 15 Sgr. zu haben. Damen frei. Zu diesem Fest-Balle ladet ergebenst ein Th. Volk.

Nippes, den 7. October 1840.

KöZ v. 7.10.1840

1841 inserierte neben Volk, Gastgeber *zum Mauenheimer Hof*, und Bedbur mit seinem *baierischen Bierkeller am Nippes*, der sein *vorzügliches baierisches Lagerbier* empfahl, auch Vincenz Schmitz.[218] Er teilte über die Kölnische Zeitung mit: „*Bei Gelegenheit der Nippeser Kirmeß werde ich mein neu erbautes Local, verbunden mit einem schönen großen Saale und wohlbesetztem Orchester, eröffnen, preißwürdige Weine und sonstige Getränke auf das prompteste und billigste verabreichen, wozu ich ergebenst einlade.*“[219]

Harff inserierte ab diesem Jahr nicht mehr und 1842 erschien lediglich Jakob Volk, Sohn, mit einer Anzeige in der Kölnischen Zeitung. Neben den anzeigenden Wirten, die zur Kurzweil in Nippes baten, und den Wirten, die keine Inserate aufgaben, boten auch private Anbieter Speis und Trank.

Für den kleinen Ort mit seinen jetzt rund 500 Einwohnern[220] am Ende des Jahres 1843 war die Kirmes immer ein großes, stark besuchtes Fest. Die 40er und 50er Jahre des vorigen Jahrhunderts bedeuteten die Hoch–Zeit der Nippeser Kirmes. Hier fand sich nicht nur das einfache Volk, sondern auch der wohlhabende Kölner Bürger ein. So jedenfalls ist es dem folgenden Zeitungsartikel aus dem Jahr 1904 zu entnehmen. Er beschreibt auch die Lage einiger Lokale und vermittelt interessante Details zu den Bräuchen und den Angeboten der Kirmes entlang der Neusser Straße.[221]

„*Die Nippeser Kirmes war so berühmt und hatte für Köln vor 50 bis 60 Jahren eine solche Bedeutung, daß es sich verlohnt, dasjenige darüber der Vergessenheit zu entziehen, was in keiner Chronik verzeichnet ist und was nur noch in der Erinnerung einiger weniger Einwohner lebt, die gegenwärtig im Greisenalter stehen. An der Neußer Chaussee lagen zwischen niedrigen Häuschen der Gemüsezüchter manche*

218 *Das untergärige bayerische Bier kam in den 20er Jahren des 19. Jahrhunderts aus Kulmbach, Würzburg und Nürnberg nach Köln. Die erste bayerische Schenke für untergäriges Bier wurde 1840 in Köln eröffnet. In: Zwei Jahrtausende Kölner Wirtschaft, Band 2, Greven Verlag Köln, 1975, S. 188 und 212.*

219 *KöZ v. 3.10.1841.*

220 *411 Einwohner in Nippes, 77 im Weiler Mauenheim und 14 in Vornippes. Aus: Übersicht der Bestandteile und Verzeichnis sämtlicher Ortschaften des Regierungs–Bezirks Köln, Köln 1844. Vornippes nannte man die ersten Häuser – von Köln kommend – im Bereich der heutigen Neusser Straße, Lohse– und Holbeinstraße.*

221 *Sonntagsbeilage des KStA vom 28.8.1904, Nippes und seine Kirmes vor 60 Jahren. Zur Kirmes im allgemeinen: Rheinische Volkskunde, Adam Wrede, Leipzig 1922, 2. Auflage, S. 283 ff.; Köln am Rhein vor hundert Jahren, Dr. Ernst Weyden, Köln 1913, S. 126 ff und Altkölnische Kirmeslieder in: Altkölnische Wiegen– und Kinderlieder, Hermann Becker, Köln 1920, S. 23 ff.*

bescheidene, jedoch saubere Wirtschaften, aber zur Kirmes wurde jedes Haus zu einer Kaffeeschenke umgewandelt. Berge von schmackhaften Bauernblätzen[222] *wurden gebacken. Die Möbel wanderten in die Scheunen und jede Stube wurde mit primitiven Tischen und Bänken bestellt. Wenn man, von Köln kommend, die einzelnen Stätten des Vergnügens aufsuchte, so lud zunächst zur rechten Seite, dort wo das Tivoli mit seinen Festsälen steht (Neusser Str. 216)*[223]*, eine einfache, mit Bäumen umgebene Bretterbude zum Verweilen ein. Dort hatte die am Thürmchenswall errichtete erste Brauerei des sogenannten baierischen Bieres große Kellereien angelegt und der Wirt des ‚Baierischen Zelts', mit Namen Bedbur, verzapfte das neuartige Gebräu. Wenn auch der Volksmund flugs nach dem Muster des alten de Noëlschen Liedes ‚De Kölsche Kirmesse'*[224] *den Vers geprägt hatte:*

‚Do vören en dem bairische Zelt
Do git et e got Glas Beer,
Doch fuffzehn Penning eß vill Geld,
De Ae'pel sin zo dhör!',

so war der Besuch doch großartig, weil alle Gäste sich an einer Geldverlosung nach Art des jetzigen Lottospiels mit Eifer beteiligten. Der Ausrufer der Nummern schrie sich in der Bude heiser und die Spieler saßen mit ihren für zwei Pfennige das Stück erworbenen, aus Blech angefertigten Karten im Freien und bedeckten die ausgekommenen Zahlen, bis sie eine Reihe besetzt und gewonnen hatten. Das ursprünglich harmlose Spiel artete durch geheime ‚Buchmacherei' derart aus, daß manche Spielwütige ein Vermögen verloren, was nachmalig ein Verbot der ‚Lotterie' zur Folge hatte.

Auf derselben Straßenseite, weiter nördlich, war ein nach den damaligen Begriffen luxuriös ausgestattetes Riesen–Tanzzelt mit zwei geräumigen Tanzböden aufgebaut. Darin ging es bei Musik und guten Weinen hoch her. Die Champagnerpfropfen knallten, und der Wirt trug morgens Körbe voll Geld heim. Kamen doch die wohlhabenden, ja die reichsten Kölner Bürger, denen derzeitig sonst wenig Zerstreuung geboten war, dorthin, und die herrschaftlichen Wagen bildeten eine ununterbrochene Reihe von der jetzigen Auerschen Mühle (heute Höhe Auerstraße) bis zur Wilhelmstraße. Die Ortsbewohner, denen es im Zelt ‚zu fein' war, vergnügten sich anderwärts.

Da war zunächst die heute noch vorhandene, wenn auch durch mehrfache Umbauten etwas veränderte Wirtschaft ‚Zur Krone' (Neusser Straße 254)[225]*. Sie gehörte damals den Eheleuten Vincenz Schmitz und ging, nachdem deren Tochter Anna Christina sich mit dem Acker-*

222 Blatz, kölsch: Platz, war ein gesüßtes Gebäck aus Weizenmehl und Milch, meist mit Butter, Korinthen oder Rosinen gebakken. Es wurde meist an Sonn- und Feiertagen hergestellt und verzehrt.

223 Über das an dieser Stelle über viele Jahrzehnte stehende Tivoli liegt vom Autor eine Dokumentation vor.

224 Der Kunstsammler, Konservator und Mundartdichter Mathias Josef de Noël (1782–1849) verfaßte dieses 32strophige Gedicht. Es schildert das bunte Leben während der Kirmestage in den Kölner Vierteln.

225 Etwa auf der Höhe und gegenüber der Einmündung der Viersener Straße in die Neusser Straße.

bürger Herkrath aus Köln verehelicht hatte, an diesen über. Der Sohn Christian war Kronenwirt und Bierbrauer bis vor wenigen Jahren.[226] In dem Hause tagten und tanzten die Reihjungen.[227] Mit Musik und Fahne zogen sie Samstags abends zur ‚Scheidskuhl' an der Mauenheimer Straße[228], um die ‚Kirmes zu holen'. Alle Reihjungen waren mit bunten Bändern, die Reihmeister mit Blumensträußchen stattlich herausgeputzt. Nach einem kurzen Zwiegespräch mit einer hinter einem Strauch versteckten, vermummten Gestalt, das sich um die Dauer der Kirmes drehte, gings zur Krone zurück, wo der Reihbaum aufgepflanzt wurde. Auf einem möglichst hohen Fichtenstamm war eine reich geschmückte, nächtlicherweise im alten Wallgraben[229] geholte Birke, und darunter ein mit Eierkränzen behangener Reifen befestigt. Montags morgens zogen die Burschen nach Niehl zum Hochamt. Darauf trug ein Reihjunge eine ‚Der Zacheies' genannte Puppe und ‚schlog der Flitter', das heißt, er machte allerlei tolle Sprünge. Dienstags sammelten die Reihjungen bei den Bewohnern Geld und Weißbrot (Weck) und ließen dabei alles Eßbare mitgehen. Auf offener Straße vor dem Reihhause wurde Mittwochs der ‚Hahn geköpft'. An einem Gerüst in einem Korbe ohne Boden befand sich, den Kopf nach unten heraushängend, ein geschlachteter Hahn. Mit verbundenen Augen und einem riesigen Franzosensäbel in der Hand versuchten die Reihjungen dann innerhalb eines großen Zuschauerkreises den Kopf des Tieres zu treffen, wofür sie im Falle des Gelingens einen Preis einheimsten. Das Mißlingen herrschte dabei jedoch vor und hatte jedesmal unbändige Heiterkeitsausbrüche zur Folge. Was die Reihjungen gesammelt und an Eintrittsgeld bei der Tanzmusik in der Krone eingenommen hatten, wurde nach einer Ruhepause am Samstag abend bei einer großartigen Schmauserei verzehrt. Donnerstags überließen die Ortsangesessenen alle Tanzlokale den Kölnern zu feinen Bällen, aber am folgenden Sonntag wurde nochmals lustig Nachkirmes gefeiert. Weil die Reihjungen in der Krone Tanzordnung hielten, entstand das Verschen:

‚Mer kritt em schöne Krunnenhof
Fing opgedech vum Bock un Schof,
Do danz et sich wahl got.
Doch eß mer do nit ahdig brav,
Dann kritt mer flöck der Puckel geschoot
Un flüg de Trapp erav.'

Ein dem Kronenhof gegenüber wohnender Ackerer hatte sich einmal in der Kirmeslaune verleiten lassen, die ihm lästig gewordenen Kaffeetrinker kurzer Hand an die Luft zu setzen und ihnen noch allerlei Wurf-

226 Die letztmalige Nennung von Christian Herkrath als Restaurateur erfolgte im Kölner Adreßbuch von 1900.

227 Reihjungen (Reih = Reigen) nannte man die heiratsfähigen Burschen, die sich in einem Verband zusammenfanden. Im Laufe eines Jahres feierten sie viele Feste. Das Reih–Halten, also das Fest der Aufnahme in diesen Verband, hatte eine lange Tradition. Schon der Kurfürst Max Friedrich erlaubte am 26.5.1770 das Reih–Halten in seinen erzstiftischen Ortschaften nur bei der Kirchweih und an Fastnacht, nach vollbrachter Ernte und Weinlese für einen Tag. Die dabei vorfallenden Exzesse sollten geahndet und der Ort dadurch bestraft werden, daß dort Tanz und Reih–Halten für ein ganzes Jahr verboten wurde. Aus: Sammlungen der Gesetze und Verordnungen, welche in dem vormaligen Churfürstentum Cöln ergangen sind vom Jahr 1463 bis 1816, J. J. Scotti, Düsseldorf 1830/33, S. 906.

228 Wahrscheinlich ist hiermit das Gelände (die Kuhle) des ehemaligen Weihers des Stiftes St. Cunibert gemeint. Nach der Säkularisation ab 1802 war das Terrain vielleicht in den Besitz einer Familie Scheid übergegangen.

229 Der alte Wallgraben lag vor der mittelalterlichen Stadtmauer Kölns.

Abb. 18 Übersicht der Wirtschaften und Zelte, deren Standorte aufgrund des Zeitungsartikels Nippes und seine Kirmes vor 60 Jahren und der Anzeigen in der KöZ zweifelsfrei bestimmbar sind.

geschosse nachzusenden. Die Volkspoesie sagte darüber:

,Der Krun gänüvver en dem Huus,
Do geit kurios et zo,
Dä Mann wirf de Gäß an der Dhör errus,
Der Brode schmieß hä noh!'

Ungefähr an der Stelle, auf welcher heute die Wirtschaft von Jakob Herkrath steht (Neusser Straße 262), wohnte der Wirt Paul Lärsch, der nebenher noch eine Schmiede sowie etwas Ackerwirtschaft betrieb. Man sang davon unter anderm:

,Do heisch et en der Schmitt,
Do drink der Boor sien Dröppche,
Wan hä vun der Arbeit kütt.'

Zwischen der jetzigen Baudri- und Einheitsstraße lag eine von Jakob Volk geführte, ,Mauenheimer Hof' benannte Wirtschaft mit großem Hofraum und ausgedehnten Stallungen, in denen häufig 50 bis 100 Pferde Unterkunft fanden. Eine dazugehörige ehemalige Oelmühle war in den oberen Räumen zu einem Saal umgebaut, in dem an den Kirmestagen flott getanzt wurde.[230]

An der Ecke der Neußer und der damals ,Kappesgaß' genannten Florastraße erhebt sich jetzt ein stattlicher Neubau. Hier stand ein unscheinbares, an den Giebeln mit Schiefer bekleidetes Häuschen, das Eigentum des Chaussee-Aufsehers Grüter war und erst vor kurzem von der Stadt angekauft und niedergelegt wurde. Der Mann führte ein kleines Geschäft; er hatte keine Wirtschaftskonzession, durfte aber Kleinhandel mit Branntwein treiben. Die Fuhrleute hatten alle Ursache, sich mit dem Wächter der Landstraße auf guten Fuß zu stellen, kehrten regelmäßig bei ihm ein und schlürften aus den Blechmaßen den Labtrunk. Recht bezeichnend sang hierüber das Volk:

,Jitz kumme mer an et Leienhuus
Do wonnt der Möößchesweeth,
Do drink der Fohrmann sien Dröppche uhs
Dä üvver de Landstroß fäht.'

Gegenüber der Einmündung der neuen Blücherstraße lag noch eine Wirtschaft mit Tanzsaal, geführt von einem Manne mit Namen Uhles, der später als erster von Nippes das Wagnis unternahm, mit der ganzen Familie nach Amerika auszuwandern. In das Haus verlegten die Reihjungen nachmals ihren Stammsitz.

In all den genannten Wirtschaften herrschte während der ganzen Kirmeswoche eitel Lust und Fröhlichkeit bis zum hellen Morgen. Die Kölner zogen mit Kind und Kegel heran und auf der Neußer Straße, die

230 Eine von einem Bianco 1756 erbaute Ölmühle am Nippes wurde am 13.9.1762 auf Ferdinand Welter übertragen. In: Akten des Stiftes St. Kunibert, Kun A 11q, 178 v. 3.12.1765, HAStK.

von der jetzigen Lohsestraße an bis weit hinaus zur Nordstraße zu beiden Seiten mit Krambuden, Lebkuchenständern, Mordgeschichten usw. besetzt war, gestaltete sich das Gedränge zeitweilig ganz lebensgefährlich. Jeder Einwohner hatte eine offene Tür und verabfolgte unablässig Kaffeeportionen in großen Zinn– oder Kupferkannen mit selbstgebackenem Kirmesblatz. Die Nebeneinnahme hieraus war ganz beträchtlich, denn man erhob pro Kopf fünf Groschen, was bei den derzeitigen billigen Preisen von Milch und Butter eine sehr gute Bezahlung genannt werden konnte.“

Soweit der 1904 veröffentliche Aufsatz über die Nippeser Kirmes. Ich werde später noch einmal auf ihn zurückkommen.

Ab 1843 war es Jakob Volk, der Sohn von Theodor Volk, der der Nippeser Kirmes neuen Glanz verlieh. Sein *Gasthaus zum Mauenheimer Hof* entwickelte sich scheinbar zum Mittelpunkt der Kirmes.[231]

KöZ v. 2.10.1843

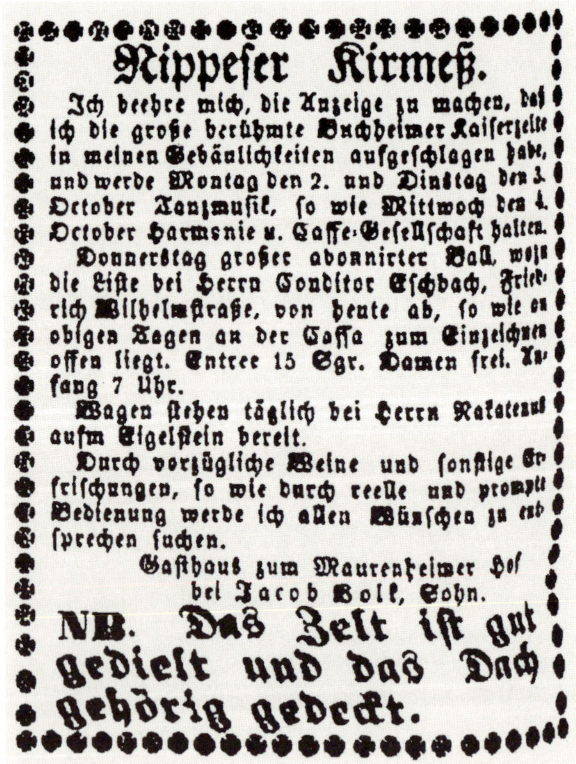

Nippeser Kirmeß.

Ich beehre mich, die Anzeige zu machen, daß ich die große berühmte Buchheimer Kaiserzelte in meinen Gebäulichkeiten aufgeschlagen habe, und werde Montag den 2. und Dinstag den 3. October Tanzmusik, so wie Mittwoch den 4. October Harmonie u. Caffe-Gesellschaft halten.

Donnerstag großer abonnirter Ball, wozu die Liste bei Herrn Conditor Eschbach, Friedrich Wilhelmstraße, von heute ab, so wie an obigen Tagen an der Cassa zum Einzeichnen offen liegt. Entree 15 Sgr. Damen frei. Anfang 7 Uhr.

Wagen stehen täglich bei Herrn Nakatenus aufm Eigelstein bereit.

Durch vorzügliche Weine und sonstige Erfrischungen, so wie durch reelle und prompte Bedienung werde ich allen Wünschen zu entsprechen suchen.

Gasthaus zum Maurenheimer Hof
bei Jacob Volk, Sohn.

NB. Das Zelt ist gut gedielt und das Dach gehörig gedeckt.

231 *Zu Jakob Volk und seinem Mauenheimer Hof siehe auch die Anm. 21, 61, 66.*

Das Haus von Harff hatte zwischenzeitlich ein Joseph Schiefer übernommen. Er wies u.a. darauf in seiner Anzeige hin: „*Unterzeichneter beehrt sich, die Anzeige zu machen, daß er während der Kirmeßtage eine wohlbesetzte Tanzmusik im früheren Harff'schen Hofe, so wie Mittwoch Harmonie und Caffee-Gesellschaft und Donnerstag Ball abhalten wird, und bittet zugleich das früher dem Herrn Harff geschenkte Zutrauen auch ihm gütigst zu Theil werden lassen zu wollen.*"

Geschickte Werbung für Schiefer machte ein *Freund vom kölschen, wohlfeilen und guten Leben*. So lautete die Unterzeichnung einer Anzeige vom gleichen Tag, dem 1.10.1843, in der Kölnischen Zeitung. Er stellte seinem Sechszeiler das schon aus dem Jahr 1840 bekannte Motto voran:

„Neppeser Kirmeß.
Motto: Nohm Neppes läuf, wer laufen kann,
Do höpp mer, tanz un sprink,
Un höht de Musik vun der Harf,
Mer karresseet un trink.
Was dem Kölner schmeckt und mundet,
Und den Beutel nicht verwundet,
Caffee, Hühner, Hasen, Wein und Platz,
Findet ihr mit eurem Schatz,
Bei dem Schiefer linker Hand
Legt den Hut schnell aus der Hand."

Ein etwas anderes Angebot machte Ferdinand Nicolini. Er hob hervor: „*Keine Tanzmusik. Statt dessen guter Caffe nebst recht gutem Blatz bei mir zu haben.*"

1844 erreichte die Nippeser Kirmes eine neue Dimension. Engelbert Strick, Gastwirt *zum Kölner Hof* schlug das *Kölner Kaiserzelt* in Nippes auf und veranstaltete zum Besten des Dombaues eine Riesenfete:

Der Unterzeichnete beehrt sich, ergebenst anzuzeigen, daß in seinem großen, eigens zu diesem Zwecke mit Fahnen und einem ausgezeichnet schönen, neuen Dom-Transparente decorirten, großen

Kölner Kaiserzelte

zu Nippes heute Donnerstag den 10. October unter Mitwirkung und Controlle der Dombaufreunde

zum Besten des Dombaues

große Harmonie und später glänzender Festball Statt findet.

KöZ v. 10.10.1844
(Fortsetzung der Anzeige auf der nächsten Seite)

Das Musikcorps des wohllöblichen 25. Infanterie-Regiments wird das Fest mit einer Ouvertüre beginnen, wonach von einigen in Köln sehr beliebten Sängern einzelne Gesang-Partieen vorgetragen und abwechselnd auf den Dombau bezügliche Lieder im allgemeinen Chor gesungen werden.

Auch wird von einem Dombaufreunde eine Fest-Rede gehalten werden.

Beim Dunkelwerden wird vor dem Zelte ein großes Feuerwerk abgebrannt, welches im anschießenden Garten bequem angesehen werden kann.

Anfang: Nachmittag 4 Uhr.

Entree: 10 Sgr. — Damen frei.

Karten sind zu haben:

Bei Herrn Stadler, Wallrafsplatz;
" " Düsterwald u. Bilstein, Appellhof;
" " Eschbach, Friedrich-Wilhelmstraße;
" " Halin in der alten Börse;
" " Dahlen, Sternengasse;
" " Nakatenus auf dem Eigelstein, und Abends an der Kasse.

Wagen stehen auf dem Eigelstein und am Zelte zu jeder Zeit bereit.

Zu diesem Feste ladet ganz ergebenst ein

Engelbert Strick,
Gastwirth zum Kölner Hof.

NB. Bei etwaiger ungünstiger Witterung findet das Fest am folgeuden Freitag Statt.

Der Anlaß für das *Nippeser Dombaufest* war wohl der, daß zwei Jahre zuvor, genau am 4.9.1842, die Grundsteinlegung für den Weiterbau des Kölner Domes erfolgt war.

Auch Volk wartete mit etwas Neuem auf: nämlich mit dem *großen berühmten Buchheimer Kaiserzelt.*

Nippeser Kirmeß.

Ich beehre mich, die Anzeige zu machen, daß ich das grose berühmte Buchheimer Kaiserzelt in meinen Gebäulichkeiten aufgeschlagen habe und werde heute Donnerstag den 10. October groser abonnirter Ball halten, wozu die Liste bei Hrn. Dahlen in der Sternengasse und bei Herrn Conditor Eschbach, Friedrich-Wilhelmsstraße von heute ab, so wie an obigen Tagen an der Cassa zum Einzeichnen offen liegt. Entree 15 Sgr. Damen frei. Anfang 7 Uhr. Wagen stehen täglich bei Herrn Nakatenus aufm Eigelstein bereit.

Durch vorzügliche Weine und sonstige Erfrischungen, so wie durch reelle und prompte Bedienung werde ich allen Wünschen zu entsprechen suchen.

NB. Das Zelt ist gut gedielt und das Dach gehörig gedeckt.

Gasthaus zum Maurenheimer Hof bei
Jacob Volk Sohn.

KöZ v. 10.10.1844

Das Jahr 1845:

Nippeser Kirmeß.

Daß ich während der Kirmeßtage kein Bier, sondern sehr preiswürdigen Wein verzapfe, mache ich ergebenst bekannt und empfehle mich zu geneigtem Zuspruch.

W. Bedbur am Nippes.

Bei Gelegenheit der Nippeser Kirmeß empfehle ich meinen Freunden und Gönnern meine neu eingerichtete Restauration, und verspreche, durch gute Weine u. schmackhafte Speisen die mich mit ihrem Besuch Beehrenden zu befriedigen.

Engelbert Strick am Nippes,
gegenüber dem großen Kaiserzelte.

Nippeser Kirmeß.

Wir beehren uns hiermit die ergebenste Anzeige zu machen, daß wir in unserm

großen und berühmten Kaiserzelte

Sonntag den 5., Montag den 6., Dinstag den 7. October große Tanzmusik und Mittwoch den 8. Harmonie und Caffee-Gesellschaft abhalten werden.

Donnerstag den 9. großer abonnirter Ball,

wozu die Abonnementsliste zum Einzeichnen an der Casse an allen Tagen offen liegt.

Entree 15 Sgr. Damen frei.

Durch vorzügliche Weine und sonstige Erfrischungen, so wie durch reelle und prompte Bedienung werden wir allen Wünschen zu entsprechen suchen.

Wagen zum Hin- und Herfahren stehen bereit bei Hrn. Nakatenus auf dem Eigelstein.

Nippes, den 5. October 1845.

Jacob Volk, Sohn.

Kirmeß in Nippes.

Heute Sonntag den 5., Montag den 6. und Dinstag den 7. October Harmonie und Tanzmusik im Kölner Hof am Nippes. Durch schmackhafte Weine und sonstige Erfrischungen, so wie durch prompte Bedienung werde ich mich bestens zu empfehlen suchen.

Joseph Schiefer.

KöZ v. 5.10.1845

Auf eine Veranstaltung am 5.10.1845 wurde besonders hingewiesen: *„Kirmeß in Nippes! Herr Müller, Seiltänzer, ein Greis von 79 Jahren, wird die Ehre haben, seine Künste zu zeigen. Der Anfang der Vorstellung ist um 4 Uhr, und der Schauplatz bei Gastwirth Sieburg."*

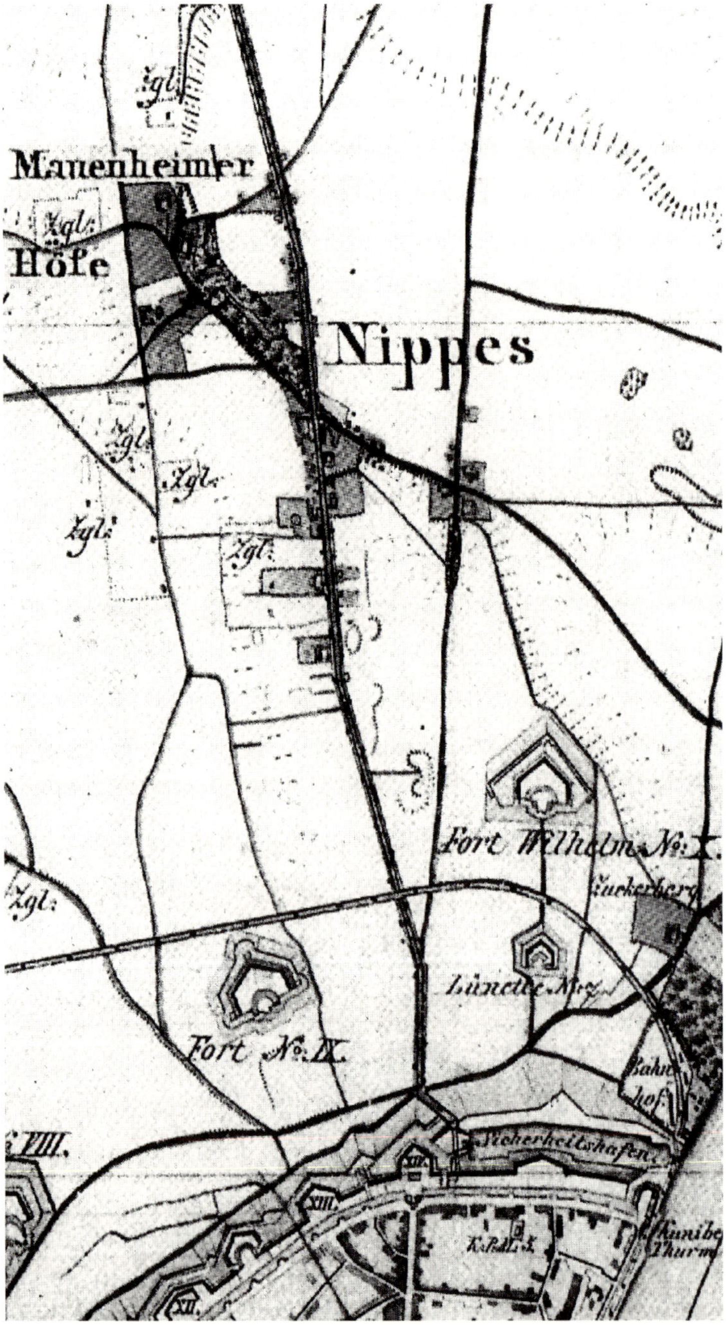

Abb. 19 Ausschnitt aus der Preußischen Kartenaufnahme 1:25000 –Uraufnahme–, Blatt Köln v. 1845. Zu Zeiten der Nippeser Kirmes herrschte auf der Neusser Straße zwischen Köln und Nippes mehr Verkehr als an den übrigen Tagen des Jahres. In Nippes wird wegen der zahlreichen Buden und des bunten Treibens kaum noch ein Durchkommen gewesen sein.

Das Jahr 1846:

Nippeser Kirmeß.

Heute Sonntag den 4. October und die folgenden Kirmeßtage wird bei dem Unterzeichneten in dem bekannten früheren Harff'schen Hause Tanzmusik Statt finden. Durch schmackhafte Weine und Speisen jeder Art, besonders für guten Kaffee mit frischem Weißbrod, werde ich mich bestreben, die Zufriedenheit meiner geehrten Gäste zu erlangen. Um zahlreichen Besuch bittet

J. Schiefer, Gastwirth in Nippes.

Nippeser Kirmeß.

Unterzeichneter beehrt sich, die Anzeige zu machen, daß bei ihm in seinem großen Kaiserzelte künftigen Sonntag, Montag und Dinstag Tanzmusik, Mittwoch Harmonie u. Donnerstag großer Abonnements-Ball unter Leitung des Tanzlehrers Hrn. Brichot, à Entree 15 Sgr., Damen frei, Statt findet.

Die Musik ist vom königl. 28. Infant.-Regmnt., unter Leitung des Kapellmeisters Hrn. Kelch.

Indem ich alles aufbieten werde, die Zufriedenheit eines geehrten Publicums zu erlangen, empfiehlt sich

Nippes, den 3. Oct. 1846.

Jac. Bolk. Sohn.

Nippeser Kirmeß.

Alle Freunde des Frohsinns beehren wir uns, in das in diesem Jahre zuerst neuerrichtete und prachtvoll decorirte, vis-à-vis der Baierischen Bierhalle gelegene

Große Riesenzelt

ganz ergebenst einzuladen. Anstatt der üblichen Lobpreisungen versichern wir nur, daß ein ausgezeichneter Wein, wie er bisheran noch nicht vorgekommen, gut zubereitete, der Saison angemessene sonstige Getränke und Speisen, Harmonie und beliebte Tanzweisen eines wohlbesetzten Orchesters sich selbst empfehlen und allgemeinen Beifall und Anerkennung erringen sollen.

Sonntag, Montag u. Dinstag,

den 4., 5. und 6. October,

wird reichlich besetzte Tanzmusik Statt finden.

Mittwoch den 7. October

Große Kaffee-Gesellschaft und Abends Abonnementsball, dirigirt von Tanzlehrer Hrn. Brichot

Nippes bei Köln, 3. October 1846.

Bedbur et Cp.

Nippeser Kirmeß.

Während der fröhlichen Kirmeßtage verzapfe ich ein extra gutes ausgezeichnetes Baierisches Lagerbier aus dem großen Bierkeller in der

Baierischen Bierhalle,

und werde ich dadurch, so wie durch schmackhafte Speisen die Zufriedenheit meiner verehrlichen Gäste zu erwerbn suchen. Auch ist ein

Baierisches Vogelschießen

eingerichtet. Zu recht fleißigem Besuche ladet ergebenst ein

Winand Bedbur.

Nippes bei Köln, 3. Oct. 1846.

Nachschrift.

Wenn Andre an fröhlichen Kirmeßtagen
Den durstigen Gast mit Getränken plagen,
Die Zunge, Gaumen, Kehle und Magen
Nicht können verdauen, leiden und tragen:
So will ich mich diesmal ganz anders betragen,
Ein extra leckeres Bierchen auftragen,
Damit die Gäste mit Recht dürfen sagen:
Wir können uns über den Wirth nicht beklagen,
Sein Baierisch Bier wird stets hervorragen,
Es labet uns herrlich den Gaumen und Magen
Und kreget noch Manchen sogar beim Kragen;
Drum darf er mit Stolz und Kühnheit es wagen
Und lassen sich heute zum Bierritter schlagen. —

Nippeser Kirmeß.

Heute Sonntag den 4. October und die folgenden Kirmeßtage wird bei dem Unterzeichneten in dem bekannten früheren Harff'schen Hause Tanzmusik Statt finden. Durch schmackhafte Weine und Speisen jeder Art, besonders für guten Kaffee mit frischem Weißbrod, werde ich mich bestreben, die Zufriedenheit meiner geehrten Gäste zu erlangen. Um zahlreichen Besuch bittet

J. Schiefer, Gastwirth in Nippes.

Nippeser Kirmeß.

Unterzeichneter beehrt sich, die Anzeige zu machen, daß bei ihm in seinem großen Kaiserzelte künftigen Sonntag, Montag und Dinstag Tanzmusik, Mittwoch Harmonie u. Donnerstag großer Abonnements-Ball unter Leitung des Tanzlehrers Hrn. Brichot, à Entree 15 Sgr., Damen frei, Statt findet.

Die Musik ist vom königl. 28. Infant.-Regmnt., unter Leitung des Kapellmeisters Hrn. Kelch.

Indem ich alles aufbieten werde, die Zufriedenheit eines geehrten Publicums zu erlangen, empfiehlt sich

Nippes, den 3. Oct. 1846.

Jac. Bolk. Sohn.

KöZ v. 4.10.1846

Dem aufmerksamen Leser wird aufgefallen sein, daß die Bezeichnung *am Nippes* immer seltener genannt wurde. Stattdessen werden jetzt häufiger die Formulierungen *in Nippes*, *Nippes bei Köln* oder nur *Nippes* verwendet. Zurückzuführen läßt sich dies womöglich auf die fortschreitende bauliche Entwicklung, insbesondere entlang der Neusser Straße auf Köln zu. Mit der neuen Wohnbebauung entfernte man sich immer weiter von dem, was da *Nippes* genannt wurde. Das *am Nippes* als Ortsbezeichnung ließ sich bei der immer größer werdenden Entfernung vom *Nippes* (dem nah bei den Mauenheimer Höfen oder nah bei Köln stehenden Haus, oder dem verlandeten Altrheinarm?) nicht mehr eindeutig gebrauchen. *Am Nippes* wurde möglicherweise auch aus einer Bequemlichkeit heraus und der weniger umständlichen Ausdrucksweise mehr und mehr zum *Nippes*.

1847 luden Volk und Nicolin in ihr *großes Kaiserzelt* ein, Joseph Schiefer bat in seinen *Kölner Hof* und der neue Gastwirt H. Greiser hatte den Tanzlehrer Franken[232] engagiert.

Kirmeß in Nippes.

Im neuerbauten Saale zum Ehemann'schen Lagerkeller Sonntag, Montag und Dinstag Harmonie und Kaffee-Gesellschaft, Mittwochs Abonnements-Ball unter Leitung des Tanzlehrers Herrn Franken, wozu die Liste zum Einzeichnen im Locale offen liegt. Es ladet der Unterzeichnete seine Freunde und Gönner hierzu ergebenst ein

H. Greiser.

KöZ v. 3.10.1847

Nippeser-Kirmeß.

Unterzeichnete beehren sich, allen Freunden und Gönnern anzuzeigen, daß sie das seit langen Jahren bekannte reich decorirte,

große Kaiserzelt

wieder auf derselben Stelle erbaut haben, u. Sonntag den 3., Montag den 4., Dinstag den 5. Tanzmusik, Mittwoch große Harmonie und Caffee-Visite, Donnerstag

großen Abonnementsball

halten.

Für den uns seit langen Jahren zu Theil gewordenen zahlreichen Besuch dankend, werden wir auch dieses Jahr alles aufbieten, durch besonders gute Weine und Speisen das erworbene Zutrauen ferner zu erhalten.

Nippes, den 3. October 1847.

Volk Nicolin.

Nippeser Kirmeß.

Heute Sonntag den 3. Oct. und die darauf folgende Kirmeßtage findet bei dem Unterzeichneten mit einem wohlbesetzten Orchester große Harmonie und Tanzmusik Statt. Mit schmackhaften Weinen und Speisen, besonders mit gutem Kaffee und vorzüglichem frischem Weißbrod werde ich meine geehrten Gäste aufs beste bedienen. Um geneigten Zuspruch bittet

Joseph Schiefer,
Gastwirth im Kölner Hofe.

232 Im Kölner Adreßbuch von 1848 sind die folgenden Tanzlehrer genannt: Brichot – Brüderstr. 21; Erven – Enggasse 4; Franken – Sassenhof 6; Gerstel – Poststr. 41; Heinen – Kleiner Griechenmarkt 28; Millowitsch – Großer Griechenmarkt 33 und Senf – Ehrenstr. 18.

Das Jahr 1848 war nicht nur hinsichtlich der letztlich gescheiterten revolutionären Ereignisse ein bedeutendes Jahr. Bis zur Nippeser Kirmes ab dem 1.10.1848 hatten sich die Wogen schon wieder geglättet. In Nippes hatte man sich schon seit geraumer Zeit mit der Kirchenfrage befaßt. Man wollte endlich unabhängig von Niehl werden und dazu eine eigene Kirche bauen. Etliche Nippeser gründeten im Winter 1846/47 einen Kirchenbauverein. Seine Aktivitäten und vor allem seine Sammeltätigkeit hinsichtlich naturaler und finanzieller Mittel wurde von den Nippesern tatkräftig unterstützt. Jakob Volk stellte sich ebenfalls in den Dienst des Kirchenbauvereins und ließ seine Angebote während der Nippeser Kirmes unter dem Motto: *zum Besten des Nippeser Kirchenbaues* laufen:

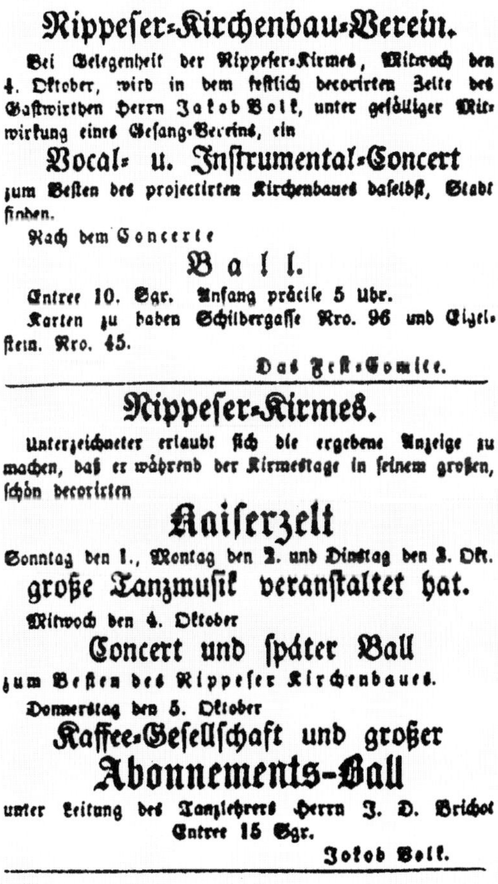

Nippeser-Kirchenbau-Verein.

Bei Gelegenheit der Nippeser-Kirmes, Mittwoch den 4. Oktober, wird in dem festlich decorirten Zelte des Gastwirthen Herrn Jakob Volk, unter gefälliger Mitwirkung eines Gesang-Vereins, ein

Vocal- u. Instrumental-Concert

zum Besten des projectirten Kirchenbaues daselbst, Statt finden.

Nach dem Concerte

Ball.

Entree 10. Sgr. Anfang präcise 5 Uhr.

Karten zu haben Schildergasse Nro. 96 und Eigelstein. Nro. 45.

Das Fest-Comite.

Nippeser-Kirmes.

Unterzeichneter erlaubt sich die ergebene Anzeige zu machen, daß er während der Kirmestage in seinem großen, schön decorirten

Kaiserzelt

Sonntag den 1., Montag den 2. und Dinstag den 3. Okt.

große Tanzmusik veranstaltet hat.

Mittwoch den 4. Oktober

Concert und später Ball

zum Besten des Nippeser Kirchenbaues.

Donnerstag den 5. Oktober

Kaffee-Gesellschaft und großer

Abonnements-Ball

unter Leitung des Tanzlehrers Herrn J. D. Brichot

Entree 15 Sgr.

Jakob Volk.

Anzeigen vom 1.10.1848 aus der Rheinischen Volkshalle[233]

233 Diese neue politische Zeitung, wie sie vom Herausgeber genannt wurde, erschien erstmals am 1.10.1848. Es war eine katholisch geprägte Tageszeitung. Sie erschien täglich außer montags und wurde im Verlag bei J. P. Bachem gedruckt. Bei der übermächtigen Konkurrenz der Kölnischen Zeitung mußte sie ihr Erscheinen wegen mangelnder Nachfrage bereits am 30.9.1849 wieder einstellen.

Joseph Schiefer, Gastwirth im *Kölner Hof* bot während der Kirmestage *Tanzmusik, schmackhafte Speisen, Wein, besonders guten Kaffee und ausgezeichnetes Weißbrot.* Die *Rheinische Volkshalle* berichtete in ihrer Ausgabe vom 5.10.1848 von der Nippeser Kirmes:

„Am Kirmeß Dienstag wurde zu Nippes eine musikalische Unterhaltung gegeben, bei welcher Gelegenheit ein Individuum den Eintrittspreis mit einer Empfehlungskarte der A. Camphausen'schen litographischen Anstalt bezahlte, und sich 15 Silbergroschen wieder herausgeben ließ. Die gute Erhaltung und das schöne Aussehen des vermeinten Papierthalers mochte wohl die Aufmerksamkeit des Empfängers auf ihn gezogen haben, so daß dieser ihn näher besichtigte und wie natürlich, auch gleich den Betrug bemerkte. Er zeigte den Vorfall den sich dort befindenden Kreisgendarmen an und bezeichnete ihnen auch näher die Person des Gebers. Die beiden Gendarmen drangen nun in den Saal hinein, um sich des Individuums zu bemächtigen, das aber bei ihrem Erscheinen die Flucht ergriff, und sich somit selbst des Verbrechens der Gaunerei beschuldigte."

Ob die Gendarmen sich des Individuums später noch bemächtigen konnten, läßt die Zeitungsnotiz leider offen. Offen blieb letztlich auch die Frage, ob der Mitstreiter von Karl Marx, Friedrich Engels, während seiner Jahre in Köln einmal die Nippeser Kirmes besucht und seine Eindrücke niedergeschrieben hat.[234]

Die Zahl der Anzeigen hinsichtlich der Kirmes erreichte im Jahr 1849 einen neuen Rekord. Nicht weniger als 12 Hinweise von Gastwirten ließen sich zwischen dem 28.9.1849 und 4. 10.1849 nachweisen. Hier eine Auswahl:

Nippeser Kirmeß.
(Vorläufige Anzeige.)
Die Unterzeichneten beehren sich, den Besuchern unserer am Sonntag beginnenden berühmten Kirmeß die ergebene Anzeige zu machen, daß sie das
große Kaiserzelt
neben der bair. Bierhalle aufgestellt haben und verfehlen nicht, bei dieser Gelegenheit sich bestens zu empfehlen.
Bedbur u. Comp.

Nippeser Kirmeß.
Während derselben Kaffee mit kostbarem Boore-Blatz und gutem Wein bei
Ferd. Nicolini.

Nippeser Kirmeß.
J. H. Daßdorf, Gastwirth zu den Linden, empfiehlt seine vorzüglichen Weine, Kaffee mit Kirmeßblatz und ausgezeichnet baierisch Bier.

234 *So wollte es jedenfalls ein Nippeser wissen. Leider gelang es ihm bis zur Drucklegung des Buches nicht, die Quelle seines Wissens zu nennen. Nur vage konnte er sich an die Briefe von Engels an seine Schwester als den Fundort erinnern. Auch meine Recherchen brachten kein Licht in das Dunkel. Vielleicht kommt ja nach dieser Veröffentlichung noch der entscheidende Hinweis aus dem Publikum.*

Nippeser Kirmeß.

Heute Sonntag den 30. September, Montag den 1., und Dinstag den 2. October Tanzmusik im eleganten

großen Kaiser-Zelte.

Mittwoch, den 3. October

große Harmonie und Kaffee-Gesellschaft.

Donnerstag den 4. October

großer Abonnements-Ball.

Entree 15 Sgr. Damen frei. Anfang 8 Uhr, wozu die Karten vorläufig bei den Herren: P. Brauer, Thurnmarkt, — Conditor Eschbach, Friedrich-Wilhelmsstraße, — Gebrüder Jostl, Glockengasse, — Schiffer, Tempelhof — und an der Casse zu haben sind.

W. Bedbur & Comp.

Nippeser Kirmeß.

Heute Donnerstag den 4. Oct. großer Abonnementsball im eleganten großen Kaiserzelt unter Leitung des Tanzlehrers Herrn Brichot.

Entree 10 Sgr. Damen frei.

W. Bedbur u. Comp.

Jakob Volk wandte sich mit einem besonderen, weil gesundheitsbewußten Angebot an seine Gäste. Auch erinnerte er noch einmal an den geplanten Nippeser Kirchenbau[235]:

Nippeser Kirmeß.

Im Mauenheimer Hofe, im elegant decorirten Saale.

Da viele meiner geehrten Gönner der Gesundheit halber nicht gern in ein Zelt gehen, fand ich es für rathsam, dieses Jahr mein großes Kaiser-Zelt nicht aufzuschlagen und werde daher in meinem neu elegant decorirten Saale Sonntag, Montag und Dinstag Tanzmusik abhalten, Mittwoch Kaffee-Gesellschaft, wobei ein vorzüglich guter Kirmeß-Blaz verabreicht wird. Später Abonnements-Ball zum Besten des nippeser Kirchenbaues.

Durch gute Weine und alle sonstigen Getränke werde ich das mir in früheren Jahren geschenkte Zutrauen auch dieses Jahr zu erhalten suchen,

Jacob Volk.

– Die fünfziger Jahre

Nippeser Kirmeß.

Heute Sonntag den 6. October und die folgenden Kirmeßtage Tanzmusik. Mit preiswürdigen Getränken und Speisen, besonders mit gutem Kaffee und ausgezeichnetem schmackhaftem Weißbrod werde ich meine Gäste bedienen. Um geneigten Zuspruch bittet J. Schiefer,

Gastwirth im kölner Hof.

Nippeser Kirmeß.

Großes (schönstes) Kaiserzelt.

Heute Sonntag, Montag und Dinstag

große Tanzmusik,

ausgeführt von dem anerkannt tüchtigen Musikcorps des löbl. 34. Inf.-Regiments. Mittwoch große Harmonie und Kaffee-Gesellschaft. Donnerstag großer Abon.-Ball unter Leitung des Tanzlehrers Hrn. Erven. (Erstes Zelt links.)

W. Bedbur.

Nippeser-Kirmeß.

Im großen, reich und neu ausgeschmückten

Kaiser-Zelte

Sonntag, Montag u. Dinstag Tanzmusik, Mittwoch große Harmonie und Kaffee-Gesellschaft; später

Großer Abonnements-Ball.

Donnertag Abonnements-Ball, zum Besten der neuen Nippeser Kirche.

Für preiswürdige gute Weine, der Saison angemessene Speisen und prompte Bedienung ist bestens gesorgt, weßhalb um so mehr um geneigten Zuspruch bittet

T. J. Volk u. Cp.

KöZ v. 6.10.1850

235 KöZ v. 29.9.1849. Mit dem Bau der ersten Nippeser Pfarrkirche, heute St. Heinrich und Kunigund, wurde im Herbst des gleichen Jahres begonnen. Eine ausführliche Chronik hat der Autor verfaßt. Sie liegt zur Veröffentlichung bereit.

In das Jahr 1850 fiel auch die Einsegnung des neuen Friedhofes an der erst zum Teil errichteten neuen Kirche an der Mauenheimer Straße. Am gleichen Tag senkte man hier den ersten Toten in die Erde hinab. Das geschah am Kirmesmontag, dem 7.10.1850.[236]

1851 lautete die Titelzeile einer großen Anzeige von einem neuen Inserenten mit Namen M. Honscheid: *Großes Kölner Zelt unter den Linden am Nippes.* In dem elegant dekorierten und festlich beleuchteten Zelt bot er *Tanzmusik, guten Kaffee und schmackhafte Speisen.*

Wo das Zelt stand, ließ sich leider bisher nicht feststellen. Der Platz in Nippes, vermutlich irgendwo an der Neusser Straße, den man *unter den Linden* nannte, muß aber ein besonderer und traditionsreicher gewesen sein. Denn bereits 1712, wir erinnern uns, hieß es auf einem Grabstein des gerade verstorbenen Theodor Hauser: *gewesener Wirt am Nippes unter den Linden.* Und auch schon J. H. Daßdorf hatte sich in seiner Anzeige vom 30.9.1849 als *Gastwirt zu den Linden* bezeichnet (siehe Seite 90).

Am Kirmesmontag, dem 6.10.1851, wurden die beiden kleinen Glokken der neuen Kirche an der Mauenheimer Straße unter großer Beteiligung auch von Kölner Bürgern feierlich geweiht.

1852 wandten sich neben M. Hohnscheid die Herren Greiser, Schiefer und Volk an ihr Publikum. Volk vom *Mauenheimer Hof* gab bekannt: „*Wegen der zu sehr abwechselnden Witterung habe ich dieses Jahr kein Zelt gebaut, habe daher meinen Saal vergrößert und aufs eleganteste eingerichtet. Sonntag, Montag, Dinstag, halte ich Tanzmusik, Mittwoch Harmonie und Kaffeegesellschaft und Donnerstag Abonnements–Ball. Hoffe daher, daß meine geehrten Gönner das mir in früheren Jahren in dem Zelte geschenkte Zutrauen auch dieses Jahr in meinem Hause angedeihen lassen werden. Durch gute Getränke und der Saison angemessene Speisen, frischen Blatz und guten Kaffee hoffe ich, mich eines zahlreichen Besuches erfreuen zu dürfen.*“

236 *Die alten Begräbnisstätten von Nippes, Reinhold Kruse und Heinz–Detlev Dunkel, In: 100 Jahre Nordfriedhof – Der Nordfriedhof und seine Vorgänger in Niehl, Nippes und Merheim linksrhein. (Weidenpesch), Festschrift, 1995, S. 11 ff.*

Das Jahr 1853

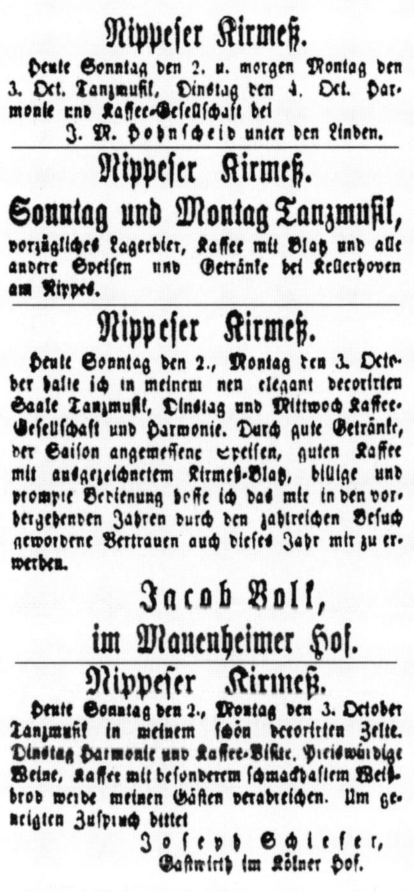

Nippeser Kirmeß.

Heute Sonntag den 2. u. morgen Montag den 3. Oct. Tanzmusik, Dinstag den 4. Oct. Harmonie und Kaffee-Gesellschaft bei

J. M. Hohnscheid unter den Linden.

Nippeser Kirmeß.

Sonntag und Montag Tanzmusik,

vorzügliches Lagerbier, Kaffee mit Blatz und alle andere Speisen und Getränke bei Kellerhoven am Nippes.

Nippeser Kirmeß.

Heute Sonntag den 2., Montag den 3. October halte ich in meinem neu elegant decorirten Saale Tanzmusik, Dinstag und Mittwoch Kaffee-Gesellschaft und Harmonie. Durch gute Getränke, der Saison angemessene Speisen, guten Kaffee mit ausgezeichnetem Kirmeß-Blatz, billige und prompte Bedienung hoffe ich das mir in den vorhergehenden Jahren durch den zahlreichen Besuch gewordene Vertrauen auch dieses Jahr mir zu erwerben.

Jacob Volk,
im Mauenheimer Hof.

Nippeser Kirmeß.

Heute Sonntag den 2., Montag den 3. October Tanzmusik in meinem schön decorirten Zelte. Dinstag Harmonie und Kaffee-Visite. Preiswürdige Weine, Kaffee mit besonderem schmackhaftem Weißbrod werde meinen Gästen verabreichen. Um geneigten Zuspruch bittet

Joseph Schiefer,
Gastwirth im Kölner Hof.

KöZ v. 2.10.1853

Auch die in der Nähe liegenden Lokale wollten von der Nippeser Kirmes profitieren. Hier ein Beispiel:

Nippeser Kirmeß.

Rheinlust am Thürmchen.

Heute Sonntag Tanzmusik.

Montag Nachmittag:

Harmonie und Kaffee-Gesellschaft.

Abends großer Festball.

Entree für Herren 15 Sgr. Damen frei.

Für billige Rückfahrt wird gesorgt.

KöZ v. 1.10.1853

Bei der *Rheinlust am Thürmchen* handelte es sich um ein Lokal im Bereich des Kunibertsturmes, jenem nördlichen Eckturm der mittelalterlichen Stadtmauer in der Nähe des Rheinufers. Bereits in den Edikten des Kölner Stadtrates zum Verbot des Besuches der vor der Stadtmauer gelegenen Wirtshäuser, war diese Gegend wiederholt genannt worden (siehe Seite 53).

Ein Text in der Kölnischen Zeitung vom 2.10.1853 muß wohl unzufriedenen Nippesern zugerechnet werden:

„*Kirche zu Nippes. Werden die, welche schon vor drei Jahren den Bau bewunderten und zu demselben reichlich spendeten, jetzt bei der großartigen Kirmeß die Freude haben, einem feierlichen Gottesdienste beiwohnen zu können?*" Die Frage stellte sich deshalb, weil in den ersten Jahren nach Fertigstellung des Kirchbaus tatsächlich keine Messen gehalten wurden. Dafür verantwortlich waren finanzielle Gründe. Weder konnte man die Kirche mit dem notwendigsten Schmuck und Gerät ausstatten, noch ließ sich das Geld für den anzustellenden Geistlichen aufbringen. Erst nach der Weihe der Kirche am 15.8.1857 begann der regelmäßige Gottesdienst.

Nippeser Kirmeß.

Heute Sonntag und morgen Montag Tanzmusik, Dinstag große Harmonie und Kaffeegesellschaft im großen Kaiserzelte.

M. Bedbur u. Klein.

Nippeser Kirmeß.

Bei Gelegenheit der Nippeser Kl:meß empfehle ich meine Restauration und Gartenwirthschaft und echtes baierisches Lagerbier.

Joseph Kellerhoven, am Nippes im großen Bierkeller.

Nippeser Kirmeß.

In meinem neu elegant decorirten Saale werde ich heute Sonntag und Montag Langmusik. Dinstag und Mittwoch Kaffee-Gesellschaft und Harmonie abhalten, wobei ich durch gute Getränke, der Saison angemessene Speisen, guten Kaffee mit ausgezeichnetem Kirmeßblatz hoffe, daß das mir in früheren Jahren geschenkte Zutrauen durch den zahlreichsten Besuch auch dieses Jahr auf mich zurückkommen wird.

Jac. Boll, im Mauenheimer Hof.

KöZ v. 1.10.1854
(Fortsetzung der Anzeigen auf der nächsten Seite)

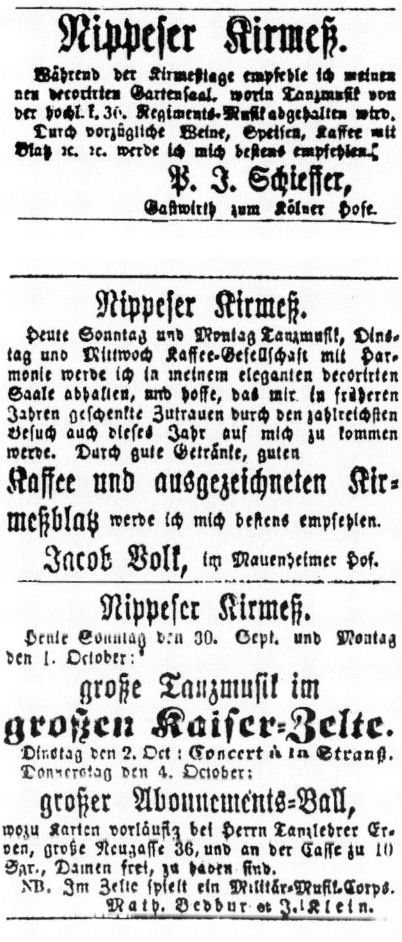

Nippeser Kirmeß.

Während der Kirmeßtage empfehle ich meinen neu decorirten Gartensaal, worin Tanzmusik von der hochl. k. 30. Regiments-Musik abgehalten wird.
Durch vorzügliche Weine, Speisen, Kaffee mit Blatz ꝛc. ꝛc. werde ich mich bestens empfehlen.

P. J. Schieffer,
Gastwirth zum Kölner Hofe.

Nippeser Kirmeß.

Heute Sonntag und Montag Tanzmusik, Dinstag und Mittwoch Kaffee-Gesellschaft mit Harmonie werde ich in meinem eleganten decorirten Saale abhalten, und hoffe, das mir in früheren Jahren geschenkte Zutrauen durch den zahlreichsten Besuch auch dieses Jahr auf mich zu kommen werde. Durch gute Getränke, guten

Kaffee und ausgezeichneten Kirmeßblatz werde ich mich bestens empfehlen.

Jacob Volk, im Mauenheimer Hof.

Nippeser Kirmeß.

Heute Sonntag den 30. Sept. und Montag den 1. October:

große Tanzmusik im
großen Kaiser-Zelte.

Dinstag den 2. Oct: Concert à la Strauß.
Donnerstag den 4. October:

großer Abonnements-Ball,

wozu Karten vorläufig bei Herrn Tanzlehrer Erven, große Neugasse 36, und an der Casse zu 10 Sgr., Damen frei, zu haben sind.
NB. Im Zelte spielt ein Militär-Musik-Corps.
Math. Bedbur et J. Klein.

KöZ v. 30.9.1855

1856 boten A. Lüttgens & Steinmetz am Kirmessonntag, dem 5.10., und –montag, 6.10., *große Garten–Harmonie* und nachher in dem *mit Blumen ausgeschmückten Festsaale Tanz–Vergnügen, am Dienstag Abonnements–Ball, Mittwoch Kaffee–Visite und Donnerstag Concert.*

Im *großen Kaiser–Zelte* von Mathias Bedbur & Klein fanden statt: *„Große Tanzmusik, Dienstag große Harmonie und Kaffeegesellschaft und abends halb 7 Uhr von dem verehrlichen Merheimer Männergesangs–Verein humoristische Gesanges– und theatralische Vorstellungen zu einem edlen Zwecke, Entre zu letzterem 7 1/2, 5 und 2 1/2 Silbergroschen; Mittwoch große Harmonie– und Kaffeegesellschaft,* *abends 8 Uhr großer Abonennements–Ball, Entree 15 Silbergroschen, Damen frei, Karten für die Abonnenten zu haben in der Restauration Thurn am Jülichsplatz; Halben Mond am Eigelstein und bei Josti in der Glockengasse.“*

Bei Jakob Volk im *Mauenheimer Hof* gab es neben den bekannten und bewährten Angeboten am Sonntag– und Montagnachmittag etwas Besonderes: Ein Nippeser Brautpaar, das seine goldene Hochzeit feierte, fand sich in dem festlich dekorierten Saal ein.

1857 warteten die Herren Lüttgens & Steinmetz mit etwas Neuem in Nippes auf, nämlich mit ihrer *großen Tivoli–Pracht–Halle*:

KöZ v. 7.10.1857

Sie befand sich, wie bereits gehört, etwa auf der Höhe der heutigen Neusser Straße 216, dort, wo in den Jahren zuvor Bedbur mit seinem *baierischen Zelt* gestanden hatte. Jakob Volk bot *Ball im Großen Kaiserzelte zum Besten der neu erbauten Nippeser Kirche*. Diese Kirche an der Mauenheimer Straße war bereits am Samstag, dem 15.8.1857, von dem damaligen Niehler Pfarrer Johann Heinrich Wolff eingeweiht worden. Das Kirchweihfest dauerte acht Tage und auch schon zu diesem Anlaß bot das *Tivoli Gartenkonzerte, Tanzvergnügen und Kaffeegesellschaften*. In der obigen Anzeige sprachen Lüttgens & Steinmetz von dem Kirchweihfest und nicht von der Kirmes. Fand das Kirchweihfest tatsächlich erst sieben Wochen nach der Kirchweihe statt? Oder lag jetzt nur eine Begriffsverwechslung von Kirchweihfest und Kirmes vor?

1858 erschienen nur noch zwei Anzeigen, nämlich die vom *Tivoli* mit einem neuen Besitzer und die von Jacob Volk.

KöZ v. 3.10.1858

Das Ende der volkstümlichen Kirmes am Nippes

In dem Jahr 1858 begann die Nippeser Kirmes zum letzten Mal am ersten Sonntag im Oktober. Ab 1859 begann sie in den folgenden Jahrzehnten jeweils am zweiten Wochenende im September. In dem Jahr 1858, am 15.9., wurde der erste Nippeser Pfarrer Hubert Weißhaupt in sein Amt eingeführt. In dem folgenden Jahr 1859, am 6.8.1859, wurde Nippes endlich zur Pfarre erhoben. Diese für Nippes historischen Momente sollten entsprechend gewürdigt und gefeiert werden. Man beschloß in dem Jahr, die Einführung des ersten Pfarrers, die Pfarrerhebung und die Kirmes in einem Fest zu feiern. Ab Sonntag, den 11.9.1859, stand Nippes Kopf. Am 13.9.1859, ab 8 Uhr abends fand im *großen Kaiserzelte* ein *großer Festball* statt:
„Herr Jacob Volk gibt das Zelt frei und hat das unterzeichnete Comité ermächtigt, über die ganzen Einnahmen ganz zu verfügen."

In den folgenden Monaten muß Jakob Volk gestorben sein, denn bei der *Witwe Volk, Wirthin zu Nippes*, stand am 21.3.1860 ein öffentlicher Verkauf von Mobiliar, Hausgeräten, Pferden, landwirtschaftlichem Gerät und einer Kuh an. Seit 1842 hatte der Wirt und Ackerer die Nippeser Kirmes mit seinen Angeboten im *Mauenheimer Hof* an der Neusser Straße/Ecke Mauenheimer Straße mitgeprägt, so, wie vor ihm schon ab 1834 sein Vater, der ehemalige Ortsvorsteher von Nippes und Gönner der ersten Nippeser Pfarrkirche, Theodor Volk.

Neue Namen tauchten von nun an in den Anzeigen zur Nippeser Kirmes auf. Ludwig Jungbluth, Theodor Flatten und Gerhard Scherr hießen jetzt jene Nippeser Gastwirte, die aus Anlaß der Kirmes zur Einkehr in ihre Lokale einluden.

Damit schließe ich die Dokumentation über die Nippeser Kirmes in jener Zeit, als sie fast regelmäßig am ersten Sonntag im Oktober begann und weit über Nippes hinaus bekannt und berühmt war. In einem späteren Band dieser Buchreihe werde ich das Thema wieder aufgreifen und die weitere Entwicklung der Kirmes darstellen. Auch sie unterlag einem Wandel. War sie bis dahin noch von dem Treiben der Reihjungen in ländlicher Idylle geprägt, so änderte sich ihr Wesen und ihr Erscheinungsbild in den folgenden Jahrzehnten unter dem Eindruck der Entwicklung von Nippes hin zu einem Industriestandort merklich. Zählte Nippes im Jahre 1855 noch 698 Einwohner, so wohnten hier 1861 bereits 1.424 Menschen. Die weitere rasante Bevölkerungsentwicklung führte bis 1871 auf die Zahl von 4.621 Personen. Für die nächsten etwa 3.000 Neupisser brauchte es jetzt keine zehn Jahre mehr, sondern nur noch fünf Jahre: im Volkszählungsjahr 1875 wurden für Nippes 7.728 Personen notiert. Bis zum Jahre 1905 kletterte die Zahl auf 35.245.

In dem bereits genannten Zeitungsartikel aus dem Jahr 1904 *Nippes und seine Kirmes vor 60 Jahren* kam der Autor zu dem Ergebnis: „*Die Zeiten haben sich geändert. Die einstmals berühmte Nippeser Kirmes ist, nachdem eine zeitlich einheitliche Feier für sämtliche Vororte des Stadtbezirks festgesetzt wurde, vollends zur Bedeutungslosigkeit herabgesunken. Niemand weint ihr eine Träne nach ... .*“

„Dat Alles hät jitz opgehoht,
Es altfräntsch un vergesse;
De ahl Zick wor doch schön un got
Mer kunnt och satt sich esse.
Uns Kirmes ging uns fleuten
Vor'm ‚Geist der neuen Zeiten‘.
Drüch es et hück!
Doch saht, ehr Lück,
Wor dat kein golde Zick?“

Aus: *En ahl kölsche Kirmes* von Wilhelm Koch (1845–1891).

Warum wird Nippes scherzhaft Ausland genannt?

Eine Redewendung sorgt auch heute noch für Erheiterung

Immer wieder gerne wird von den Nippesern und noch viel lieber von den übrigen Kölnern der Hinweis darauf gegeben, daß Nippes im *Ausland* liege. Die Lacher sind garantiert auf Seiten des Erzählers, der dies in fröhlicher Runde vermittelt. Mit der Antwort auf die Frage, warum dieser Ausspruch entstehen konnte, verhielt es sich bisher genauso, wie bei der Frage nach der Bedeutung des Namens *Nippes*: Nichts Genaues weiß man, aber jeder glaubt zu wissen, daß... Und genau darin lag der Reiz, mich auch einmal mit diesem vergnüglichen Thema intensiv zu befassen. Lesen Sie nun, was ich dazu zusammengetragen habe.

Maler Bock zog es nach Nippes

„Ihr gemeines Bürgerpack! Ich werde Euch zerschmettern, aber lieber verlasse ich Deutschland und gehe nach Nippes!“ Diese zornig ausgestoßene Drohung soll Heinrich Peter Bock, besser bekannt unter seinem Künstlernamen Maler Bock, wiederholt gemacht haben. Und zwar stets dann, wenn er wieder Mal von den Bürgern auf offener Straße beschimpft oder von der Staatsgewalt festgenommen worden war.[237] Folgt man einer anderen Quelle, dann soll er gesagt haben: *„Ich wandere aus – und gehe nach Nippes!“*[238] Damit aber noch nicht genug. Nach einem weiteren Autor soll Bock am Ende seiner Verteidigungsrede vor Gericht verkündet haben: *„Und ich verlasse Deutschland und ziehe nach Nippes!“*[239] Wie dem auch gewesen sei, keinen Zweifel ließ der Maler Bock an seiner Zuneigung für Nippes.

Maler Bock (1822–1878) gehörte seinerzeit zu den bekanntesten Typen auf Kölns Straßen. Er ging keiner geregelten Beschäftigung nach und schnorrte sich durchs Leben. Er fiel durch seine eigenwillige äußere Erscheinung auf: wallendes Haar, Hut mit Feder, Spazierstock, langer Rock, Pluderhose, an einem Fuß einen Pantoffel, am anderen

237 Kölner Straßenfiguren. Nach persönlichen Erinnerungen von H. Sartorius, in: Alt-Koln, Zeitschrift des Heimat-Vereins Alt-Köln, 11. Jg., 1918, Heft 1, S. 10. So auch in: Tatort Köln, Georg Bönisch, Greven Verlag Köln, 1977, S. 60.

238 Kölner Originale, Reinold Louis, Greven Verlag Köln, 1985, S. 106.

239 Was der Schmitzens Hein vom alten Köln erzählt, Laurenz Kiesgen, Verlag Industriedruck AG, Essen 1939, S. 66. Der Autor bezog sich auf das Buch von Dr. Josef Bayer, Kölner Originale und Straßenfiguren, Köln 1912, worin dieser „eine Gerichtsrede des Bock aus verblichenen älteren Vorlagen“ (S. 66) mitteilte. Bei Bayer ist zwar die Rede in etwa im Wortlaut wiedergegeben, aber der letzte, hier zitierte Satz fehlt bei Bayer (S. 50 f.).

Abb. 20 Maler Bock zog in seiner typischen Aufmachung durch die Straßen von Köln und vielleicht auch von Nippes

einen Stiefel samt Pferdesporn. Manchmal trug er zum Zeichen seiner künstlerischen Arbeit eine Rolle unter dem Arm, die angeblich Zeichnungen beinhaltete, ohne das aber jemals jemand seine Werke zu Gesicht bekam. Auch das Mitführen eines Blumenstraußes war typisch für ihn. Im Winter 1872/73 wurde er in der Arbeitsanstalt Brauweiler einquartiert, von ihm selber als sein *Landgut in Brauweiler* bezeichnet. Zuletzt landete er in der Provinzial-Irrenanstalt in Düren, wo er am 3.12.1878 starb. War nun der Maler Bock der Urheber des viel zitierten Spruches über Nippes, mit dem er seine Meinung über und seine Vorliebe für den Kölner Vorort umschrieb, oder hatte er das, was im Volksmund über Nippes gesagt wurde, nur aufgegriffen und für seine Zwecke verwendet? Die Fragen bleiben unbeantwortet. Wahrscheinlich ist die letzte Vermutung die richtige, denn auf den Maler Bock als Urheber dieser Redewendung gibt es keinen Hinweis in der Literatur.

1894, also sechzehn Jahre nach seinem Tod, ist aus Nippes ein Karnevalslied bekannt, das bereits im ersten Beitrag dieses Buches mit seiner ersten Strophe zitiert wurde. Da sie auch für das jetzige Thema von Interesse ist, sei der Text hier noch einmal vorgestellt:

„Uns Neppes dunn die Kölsche, Su öfters laachen uhs
als wenn et bei de Welsche, Uhs Deutschland lög eruhs
Da's Undank, denn der Name, Stamb doher doch gewess
dat her de Kölsche kame, Gerannt, weil he nie Pess."

„Uhs Deutschland lög eruhs" – Nippes lag also im *Ausland* und diese Meinung fand nicht nur ihren Platz im karnevalistischen Liedgut der Nippeser.

1901 vertrat jetzt auch ein Gastwirt am Tag vor dem Beginn der Karnevalssession die Meinung, daß *Nippes nicht in Deutschland* liege. Johann Heiderscheidt eröffnete am Sonntag, dem 10.11.1901 mit einem großen Bockfest[240] seine neue Restauration *Victoria-Saal* in der Sechzigstraße 6. In seiner Anzeige[241] lud er in Reimform zu diesem Fest ein:

„Wat eß dat vör en Drängen und Jagen,
de Sechzig erop, de Sechzig erav,
Wat sollen dann all die Kränz un Fahne,
un alles bliev stonn un eß dorop paff?
Verlasset Deutschland und ziehet nach Nippes,
bewundert den neuen Victoria-Saal,
Ich werd' Euch credenzen Colonias Biere
und zapfen die Würste nach Eurer Wahl.

240 Das Bockfest wurde in jedem Herbst aus Anlaß des neuen, frisch gebrauten Bockbieres gefeiert. Das Bockbier hat als Spezialbier mit sieben und mehr Prozent einen höheren Alkoholgehalt als das Pils, das Export und auch das Kölsch, die um 3,5% aufweisen.

241 KStA vom Samstag, dem 9.11.1901.

Und ihr meine Bürger von Süd' und Nord',
und die Andern von Westen und Osten –
Von Wammeskuhl bis noh der Nehlerstroß,
kommt alle zu mir einmal kosten,
Vom Bilderstöckelche un Kraatepool,
von de Höf die, un die uhs der Eifel,
Ich seh' Euch alle so gern einmal hier,
hegt daran durchaus keinen Zweifel,
De Au un de Krim un der Geistestätz
und die Bürger der Colonien,
Bei Bockbier und Wurst und bei Musikschall,
die Sorgen und Grillen entfliehen.
De Wohsch lang gemesse mem Meterstock,
die Gläser su kumpig, geeicht un breit,
Drum auf nach der Sechzig, und wenn tretet ein:
begrüßt Euch recht freundlich J. Heiderscheidt."

Bockfest – Maler Bock – Bockbier! Ob Heiderscheidt den Ausspruch von Maler Bock gekannt hat ist nicht überliefert, aber wahrscheinlich. Die Verwendung der Aufforderung in seiner Werbepoesie, *Deutschland zu verlassen und nach Nippes zu ziehen*, erinnert stark an Bock. Beim Genuß des Bockbieres während des Bockfestes war der Maler Bock an jenem Abend möglicherweise in aller Munde. Und alle Gäste amüsierten sich stets aufs Neue, wenn wieder einmal die Sprache auf das im Ausland liegende Nippes kam.

Das Land zwischen Köln und Nippes

Daß Nippes in den vergangenen Jahrhunderten bis zum Einmarsch der Franzosen 1794 aus der Sicht des Kölners, der innerhalb der Stadtmauer seiner freien und heiligen Reichsstadt[242] wohnte, *Ausland* war, wird allgemein mit dem Hinweis auf die relative Abgeschlossenheit der Stadt gegenüber dem Umland, dem Kurfürstentum Köln, erklärt. Zur Landseite hin hatte die Mauer insgesamt 14 Tore und zur Rheinseite 27 größere und kleinere Durchlässe. Unter den 14 Torburgen gab es fünf größere, die ihre Bedeutung aufgrund der durch sie stattfindenden Wareneinund ausfuhren erlangten. Zu ihnen gehörte, wie bereits vermittelt, die Eigelsteintorburg. Sie eröffnete dem Kölner den Weg hinaus nach *Nippes*, was ihm, wie wir wissen, aus einem bestimmten Grund

242 *Reichsstädte nannte man seit dem 13. Jahrhundert die Städte, die dem deutschen König gehörten. Sie unterstanden ihm unmittelbar und übten wichtige Hoheitsrechte, wie z.B. das Zoll–, Münz–, Markt– und Befestigungsrecht, aus.*

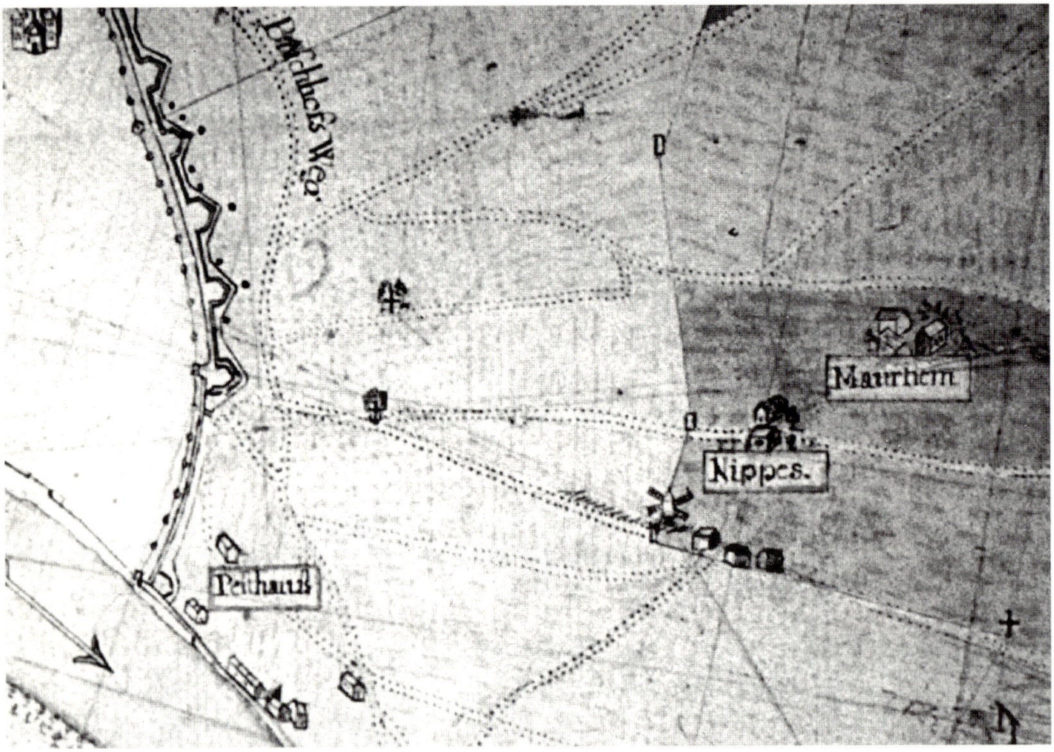

Abb. 21 Karte von 1693, Delineatio der freyen Reichs Stadt Cöllen... (Ausschnitt), mit dem „Bischofsweg“, dem „Peßthaus“ und dem Grenzverlauf, markiert durch die mit einer Linie verbundenen „Marcksteine“ (kleine Rechtecke), zwischen der Herrlichkeit Mauenheim (dunkle Fläche) und des Kölner Burgbanns

auch verboten wurde. Vor dem Tor lag das Gelände des von den Kölner Bauern landwirtschaftlich genutzten Burgbanns, auch Schweid genannt, das sich in wechselnder Tiefe von etwa 1,4 km bis 3,5 km[243] rund um die Stadtmauer ausdehnte. *Marcksteine* und Wegekreuze an den Straßen, Wegen und in den Feldern markierten die Grenze des Burgbanns (siehe die Abb. auf dieser Seite und die Abb. 1, auf Seite 11). Der Burgbann war in fünf Bauernbänken[244] unterteilt. Sie waren jeweils nach einem Tor bzw. der durch das Tor führenden Straße benannt: Severins-, Weyer–, Schaafen–, Friesen– und eben Eigelsteintor. Der Nippes–Ausflügler gelangte nach etwa 1,7 km[245] vom Eigelsteintor entfernt zu den ersten Häusern von *Nippes*, die an der Kreuzung der heutigen Neusser Straße mit der Mauenheimer Straße und Florastraße standen. Hier befand man sich nun auf kurfürstlichen Territorium, eben in der Herrlichkeit Mauenheim. Noch vor den ersten Häusern von *Nippes* mußte der Fußgänger, Reiter oder Fuhrmann aber noch die *Barriere am Nippes*, einer Schranke bzw. Sperre über der

243 Nach eigenen Berechnungen des Autors.
244 Genossenschaften der kleinen Grundbesitzer und –pächter sowie der Gemüse– und Ackerbauern.
245 Nach eigenen Berechnungen des Autors.

Straße nach Neuss, passieren. Die *Barriere am Nippes* lag etwa 1,4 km von der Eigelsteintorburg und 300 m[246] von der vorgenannten Kreuzung entfernt. Sie markierte den, von Köln aus gesehen, äußeren Grenzverlauf zwischen dem Burgbann und dem zweifelsfreien Hoheitsgebiet Kurköln des Kölner Kurfürsten und zugleich Kölner Erzbischofs. An dieser Barriere mußte für Personen, Fuhrwerke, Tiere und Güter ein Wegegeld entrichtet werden. Sie bestand nachweislich im 18. Jahrhundert und vermutlich auch schon in den Jahrhunderten zuvor.

In dem Burgbann lag parallel, und in einem Abstand zwischen etwa 180 m und maximal 850 m zu der Stadtmauer, der bereits erwähnte Bischofsweg. Dort, wo er die Straße nach Neuss querte, etwa auf der Höhe der heutigen Schillingstraße, betrug seine Entfernung von der Eigelsteintorburg 250 m. Über viele Jahrhunderte bis zum Einmarsch der Franzosen 1794 war dieser Bischofsweg Gegenstand von Auseinandersetzungen zwischen der Reichsstadt Köln und dem Kurstaat Köln. Letzterer sah in ihm die Grenze des städtischen Gebietes und Kurkölns, was die Stadt aber beharrlich bestritt. Sie sah die Grenze ihres Territoriums am äußeren Rand des Burgbanns. Die Franzosen beendeten 1794 auch diesen Streit und legten den Bischofsweg als Kölner Stadtgrenze fest. Im November 1883 wurde diese Stadtgrenze durch den Kölner Stadtrat aufgehoben.

Wollte der Kölner also nach Nippes oder der Nippeser nach Köln, trat er aus dem einen in ein anderes, ebenfalls selbständiges Hoheitsgebiet. Beide stellten jeweils für sich politisch und juristisch unabhängige Wirt-

Abb. 22 Eigelsteinertor von Norden aus gesehen mit dem Blick in die Straße Eigelstein. Die Fotografie entstand in den 70er Jahren des vorigen Jahrhunderts. Vergleiche hierzu auch die Abb. 12, S. 47.

246 Nach eigenen Berechnungen des Autors. Demnach stand sie etwa auf der Höhe der Einmündung der heutigen Steinbergerstraße in die Neusser Straße.

schafts- und Verwaltungsräume dar. Entsprechend galten unterschiedliche Gesetze, es waren Zölle und Steuern auf Waren, die in die Stadt eingeführt wurden, zu zahlen, oder die Einfuhr war ganz verboten, wie es z.B. mit dem auswärtig gebrauten Bier der Fall war. Auch konnte dem Kölner, wie wir gehört haben, das *Auslaufen* aus der Stadt zum *dollen Bier in Nippes* verboten werden. In diesem Zusammenhang sei hier erwähnt, daß der bereits zitierte Joseph Klersch hinsichtlich dieser Touren nach Nippes die Vermutung äußerte: *„Es mag sein, daß mit diesen Vorgängen die scherzhafte Bezeichnung ‚Ausland für Nippes' im Kölner Volksmund zusammenhängt."*[247]

Ein anderes schönes Beispiel, die das Vorhandensein einer Grenz- bzw. Zollproblematik deutlich macht, zeigt die in Reimform gefaßte angebliche Begebenheit um ein anderes Kölner Original, dem *Freßklötsch*[248]:

„Zo Neppes käuf veer Brud, zwei Schinke
Der Klötsch un däut op Köllen an,
De Eigelsteiner Pooz deit winke,
He läuf dem Zöllner en et Gaan. –
‚Wat? Brud un Schink sall ich verstööre?
Ehr sitt wahl geck, dat gitt 'r kein!'
Hä schreit, dat alles in kann höre
Un setz sich höstig op ne Stein.
Hä kammesölt de Brud, de Schinke,
Der Zöllner weed vun Ärger gääl,
Freßklötsch deit met nem Aug im quinke,
Geit en de Stadt – nen ähnze Kääl."[249]

Auch der bereits mehrfach zitierte Peter Schreiber sah den Ursprung der Meinung, Nippes sei Ausland, in dem zwangsläufigen Grenzübergang zwischen der Reichsstadt Köln und dem Kurstaat Köln begründet. Als Kirchenmann stand für ihn außer Zweifel, daß der Bischofsweg und nicht die äußere Grenzlinie des Burgbanns die Kölner Stadtgrenze war. Dadurch betrat der Kölner jenseits des Bischofsweges *ausländischen* Boden.[250] Unbefriedigend an dieser Zwei-Staaten-Theorie bleibt allerdings, warum nicht auch andere Orte vor der Stadt in den Ruf gerieten, *Ausland* zu sein. Neben Nippes gab es in reichsstädtischer Zeit auch schon Riehl, Niehl, Ossendorf, Bickendorf, Melaten und Klettenberg, um nur einige Wohnplätze zu nennen. Hier ist die Bezeichnung als *Ausland* aber nicht überliefert. Ich vermute einmal, daß es also in *Nippes* noch etwas Besonderes gegeben haben muß, was gerade *Nippes* und nur *Nippes* zum *Ausland* werden ließ.

247 Die Geschichte des Brauereigewerbes in Köln, Dr. Joseph Klersch, Hg. Kölner Brauerei Verband, Köln 1946, S. 22 u. 39.

248 Der Freßklötsch hieß eigentlich Johann Arnold Klütsch (1778 oder 1775 – 1845). Bekannt wurde er durch seine Fähigkeit, Unmengen essen und trinken zu können.

249 Kölner Originale und Straßenfiguren, Josef Bayer, Köln 1921, S. 64.

250 Mauenheim einst und Jetzt, Eine Heimatschrift, Verlag Luthe-Druck, Köln 1962, S. 28. Siehe auch: Warum Nippes das Ausland heißt, H. Gundermann in: Jung-Köln, Jg. 1964/65, Heft 6, März 1965, S. 10.

Die Franzosen in Nippes

Waren die Franzosen möglicherweise jene Ausländer, die *Nippes* zum *Ausland* machten? Denn sie waren es, die sich in Scharen hier vor Ort wiederholt niedergelassen hatten. Aus dem 18. Jahrhundert sind zwei große Ereignisse zu nennen, von deren Folgen die Mauenheimer und Nippeser überrollt wurden. Da war zum einen der Siebenjährige Krieg von 1756 bis 1763, der nicht nur Europa erschütterte, sondern auch Indien und Nordamerika zu Schlachtfeldern werden ließen, und zum anderen der Revolutionsmarsch der Franzosen bis weit in den Osten Europas, in dessen Verlauf sie das gesamte Rheinland besetzten und die Stadt Köln 1794 einnahmen.

Während des Siebenjährigen Krieges kämpften England in Allianz mit Preußen, dem Herzogtum Braunschweig und dem Königreich Hannover gegen Frankreich, das mit den übrigen Reichsstaaten, u.a. Sachsen, sowie Österreich, Rußland und Schweden liiert war, um die Vormachtstellung in Europa. Die Stadt Köln, zunächst noch um Neutralität bemüht, und der Kurstaat Köln standen letztlich auf Seiten der Franzosen und der Reichsarmee. Frankreichs Truppen lagen in jenen Jahren vornehmlich auf der linken Rheinseite.

Der französische König Ludwig XV. richtete 1757 ein Schreiben an die freie Reichsstadt Köln. Darin bat er für seine Truppen um die Möglichkeit von Durchzügen durch die Stadt während ihrer Kriegsgänge. Im weiteren Verlauf des Schriftwechsels wurden daraus aber Forderungen nach Einquartierung und Verpflegung der zahlreichen Soldaten. Zunächst verwehrte der Kölner Rat den an den Ostertagen 1757 anrükkenden französischen Heeren den Einlaß in die Stadt. Das gesamte Bataillon zog daraufhin in bester Ordnung zu den Vororten gemäß seiner ursprünglichen Anweisung. Es waren dies die Dörfer Nippes und Merheim (heute Weidenpesch), die vorher schon als Quartier bestimmt worden waren und im erzbischöflichen Gebiete lagen. Der französische Offizier hatte diese Quartiere zunächst abgelehnt, weil dort angeblich keine Stallungen für Pferde, keine Läden und Magazine und keine Bequemlichkeiten für die Truppen waren.[251] Jetzt mußte sich das Bataillon – ein Bataillon konnte zwischen 300 und 600 Mann stark sein – hier *am Nippes* niederlassen. Die von der Zahl weitaus geringere Bevölkerung wird froh gewesen sein, als die Soldaten wieder abzogen. Am 18.4.1757 erreichten die Franzosen ihr Ziel; sie marschierten nach Köln und setzten sich dort für die Dauer des Krieges fest. Die Nippeser

251 *Die Reichsstadt Köln und der Siebenjährige Krieg, Dr. Wilhelm Hamacher, Bonn 1911, S. 33 f.*

lernten durch sie nicht zum ersten Mal und auch nicht zum letzten Mal kennen, was es bedeutet, Soldaten beherbergen zu müssen. Einquartierungen waren in den vergangenen unruhigen Jahrhunderten, die von europaweiten kriegerischen Auseinandersetzungen bestimmt waren, eher die Regel als die Ausnahme. Auch aus dem folgenden Jahr wissen wir, daß Franzosen und ihre Verbündeten unter anderem auch *Nippes* als Lagerstatt gewählt hatten.

Das Oberkommando über die kriegführenden französischen Truppen lag bei dem Grafen Clermont. Im Jahr 1758 drängte der Gegner unter Führung des Herzogs Ferdinand von Braunschweig von Nordosten heran. In der Schlacht von Krefeld am 23.6.1758 errangen die Soldaten des Braunschweigers einen Sieg und schlugen das französische Heer in die Flucht. Über Neuss erreichten die unterlegenen Truppen am 25.6.1758 Köln. Nördlich der Stadt bezogen die etwa 34.000 Soldaten Stellung zwischen dem Rhein, etwa auf der Höhe von Niehl, und der

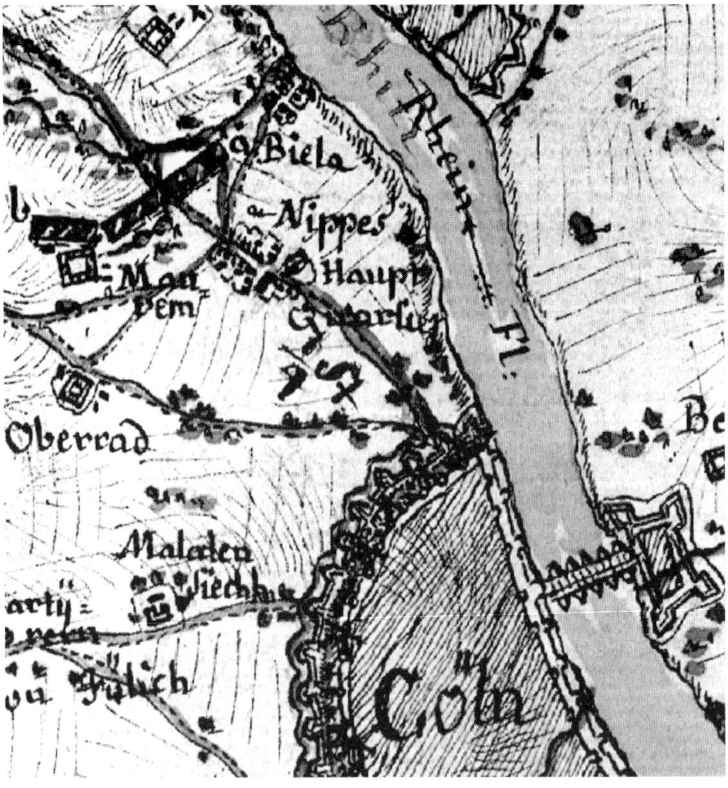

Abb. 23 Ausschnitt aus der Karte „No. III. Lager bey Nippes vom 19. zum 20. August 1758." Die neun, zu zwei Rechtecken zusammengefaßten Quadrate (links des Wortes Nippes) symbolisieren die hier kampierenden neun Regimenter.

damaligen Jülicher Straße in der Nähe von Müngersdorf. Das Hauptquartier lag in Nippes. Am 7.7.1758 rief Paris den geschlagenen Grafen Clermont ab und ersetzte ihn durch den General Contades. Dieser befehligte nicht den weiteren Rückzug, sondern die Offensive zur Zurückdrängung des Grafen Ferdinand und seiner Truppen. Contades verließ sein Lager am 13.7.1758 in Richtung Grevenbroich. Im weiteren Verlauf gelang ihm der Vormarsch über den Rhein bei Wesel zwischen dem 11. und 17.8.1758. Seine Siege brachten ihm die Ernennung zum Marschall von Frankreich ein.

Die französische Armee wuchs in jenen Wochen enorm. Württembergische und sächsische Truppen wurden unter Sold genommen. Allein aus Sachsen kamen etwa 10.000 Mann, jenem Land, daß sich der Preußenkönig Friedrich II. 1756 gewaltsam angeeignet hatte. Die Regimenter, die hier in ihrem Hauptquartier *bei Nippes* kampierten, waren: die Garde zu Fuß, und jene mit den Namen: Prinz Carl, Prinz Joseph, Prinz Clemens und Prinz von Gotha sowie Brühl, Lubomirsky, Rochow und Minckwitz. Die Information geht aus der Legende der abgebildeten Karte *Lager bey Nippes vom 19. zum 20. August 1758* [252] hervor. Und genau diese Truppen finden sich innerhalb der französischen Armee unter der Leitung des Herzogs von Broglio in der Schlacht von Bergen am 13.4.1759 gegen die Englisch–Hannoverisch Alliierten unter dem Kommando des schon bekannten Herzogs Ferdinand von Braunschweig wieder.[253]

Beim Abzug der mindestens in den Monaten Juni, Juli und August des Jahres 1758 *bey Nippes* lagernden französischen und sächsischen Truppen atmeten die Mauenheimer und Nippeser sicher erleichtert auf. Groß waren die angerichteten Schäden in Feld und Flur, ganz abgesehen von der Unruhe, die die Soldaten in die Häuser und Höfe, in die Familien gebracht hatten. Angst und Schrecken verbreitete sicher auch der Gedanke an mögliche Konfrontationen zwischen den verfeindeten Parteien hier vor Ort.

Zogen die Kölner in jenen Jahren also nicht nur zum *dollen Bier am Nippes*, sondern auch zu den Franzosen und Sachsen *am Nippes*?

Immerhin bestand ein Regiment aus zwei oder drei Bataillone. Rechnet man pro Bataillon mit 300 bis 600 Soldaten, so war ein Regiment zwischen 600 und 1.800 Personen stark. Die *bey Nippes* kampierenden neun Regimenter machten demnach eine stattliche Zahl zwischen 5.400 und 16.200 Soldaten aus. Mußte also unter diesem Eindruck bei den Kölnern nicht die Meinung entstehen, als sei *Nippes* bei der großen

Abb. 24 Füsilier bzw. Schütze aus dem sächsischen Infanterie–Regiment Lubomirsky, das u.a. im Lager bey Nippes kampierte. Die Soldaten trugen weiß–gelbe Uniformen

252 *HAStK: Plan 1/940.*

253 *Geschichte des Siebenjährigen Krieges, Offiziere des Großen Generalstabes, 8 Bd., Berlin 1826; Die Schlacht bei Crefeld am 23.6.1758. Dissertation, Werner Hermkes, Münster 1906.*

Menge der ausländischen Soldaten, die die wenigen Einwohner von Mauenheim/Nippes zahlenmäßig bei weitem übertrafen, zum *Ausland* geworden? Machte sich der Kölner jetzt trotz des ernsten Hintergrundes den Spaß, bei *Nippes* vom Ausland zu sprechen?

Keine vierzig Jahre später standen die Franzosen erneut im Rheinland. Diesmal aber mit anderen Absichten. Sie besetzten es kurzerhand und lösten die bisherige politische und wirtschaftliche, kurz, die gesamte gesellschaftliche Ordnung auf. An ihre Stelle traten die praktischen Umsetzungen der Ideen der Französischen Revolution (1789–1899): Freiheit, Gleichheit, Brüderlichkeit.

Auch die Tage der Herrlichkeit Mauenheim waren gezählt. Hier *am Nippes* und in den Mauenheimer Höfen ließen sich ab dem Oktober 1794 französische Besatzungssoldaten nieder. Sie quartierten sich in den Höfen und Häusern ein.[254] Mit dem erneuten Einzug der Franzosen war das kleine *am Nippes*, daß 1816 nur 320 Einwohner hatte, wieder zu einem französischen Heerlager geworden.[255] Die französische Sprache und Eigenart wurde allgegenwärtig. Und wieder machte es möglicherweise auf die hierher kommenden Kölner, die zwar selber, wenn auch bezogen auf die Einwohnerzahl Kölns, mit wenigen Franzosen leben mußten, den Eindruck, als seien sie im *Ausland*. Vielleicht sahen sich zwischenzeitlich auch die Mauenheimer und Nippeser selber schon als im *Ausland* wohnend.

Läßt sich also der Ursprung der Feststellung, daß Nippes *Ausland* sei, mit den dargestellten Ereignissen hier vor Ort im 18. Jahrhundert begründen? Waren die Franzosen diejenigen, die für die Entstehung der stets Heiterkeit auslösenden Feststellung verantwortlich zu machen sind?

Fragen, auf die es möglicherweise auch in Zukunft die zweifelsfreie Antwort nicht geben wird. Nur eines wird ohne Zweifel auch noch in 100 Jahren und später in Nippes und Köln vermittelt werden, daß Nippes eben auch scherzhaft als *Ausland* bezeichnet wird, weil ...

Nachwort

Das Thema Nippes – Ausland – Ausländer sorgt auch in der Gegenwart für einigen Gesprächsstoff. Heute sind es nicht die Franzosen oder Sachsen (oder doch?), sondern es ist das bunte Völkergemisch, das in Nippes beobachtet werden kann. Mit den 24.591 deutschen Einwoh-

254 Es gibt Hinweise darauf, daß die Franzosen damals das Gelände um den hier vorhandenen Weiher zu einer Parkanlage gestalteten. Darüber mehr in einem der nächsten Bände dieser Reihe, der sich mit diesem für Nippes bedeutsamen Gewässer befaßt.

255 KZ vom 6.10.1857.

nern leben im Stadtteil Nippes 7.814 Ausländer, die 24,1% der gesamten Einwohnerschaft ausmachen[256]. Aber unter diesen 24.591 Personen deutscher Nationalität gibt es Menschen, die in Anbetracht der Ausländer und der ihnen eigentümlichen Kultur meinen, nicht mehr in Deutschland zu wohnen, sondern im Ausland. Sie beklagen diesen Zustand und diese Entwicklung. Und diejenigen von ihnen, die meinen, daß es schon längst zu viele sind und daran etwas geändert haben möchten, sprechen darüber hinter vorgehaltener Hand, am berühmt–berüchtigten Stammtisch oder schmieren Parolen, wie z.B. *„Ausländer raus“* oder *„Türken weg vom Markt“*, an Nippeser Hauswände.

Die meisten Menschen aber, die hier leben, sehen genau in dieser Internationalität, in diesem Nippes der unterschiedlichen Kulturen, die besondere Attraktivität des Stadtteiles. Sie haben sich aus diesem Grunde für Nippes als ihren Wohnort entschieden oder fühlen sich als Einheimische gerade deshalb hier wohl. Sie leben gerne hier, gehen tolerant mit ihren ausländischen Nachbarn um und genießen die zahlreichen fremdländischen Einkaufs–, Gastronomie– und Kulturangebote. Als Synonym für diese Lebenseinstellung steht der weithin bekannte und beliebte werktägig stattfindende Markt auf dem Wilhelmplatz, dem Schmelztiegel aller Nippeser Völker, bestehend aus Deutschen, Türken, ehemaligen Jugoslawen, Griechen, Italienern, Portugiesen, Spaniern, Afrikanern, Asiaten und Amerikanern und vielen anderen mehr. Und deswegen hat Nippes auch tatsächlich heute wieder etwas von Ausland, und so soll es auch bleiben. Und damit es so bleibt, ist es gerade in der gegenwärtigen Zeit, die von einer zunehmenden gesellschaftlichen Depression und damit einhergehend voreiligen Schuldzuweisungen gekennzeichnet ist, erforderlich, allen rassistischen und ausländerfeindlichen Aktivitäten beherzt entgegenzutreten und eigene vorschnelle Verurteilungen erst gar nicht aufkommen zu lassen.

Mit diesem Wunsch schließe ich meine neuen Beiträge über Bemerkenswertes und Unterhaltsames aus einem Kölner Stadtteil, genannt Nippes, früher *am Nippes*. Freuen Sie sich schon heute auf den kommenden Band 4 dieser Reihe.

256 Zahlen vom Stichtag 31.12.1995; Quelle: Amt für Statistik und Einwohnerwesen der Stadt Köln.

Personenregister

Adolf I. 10
Assemacher, Geyß 27
Baumann 64
Bedbur, Mathias 95
Bedbur, Valentin 72, 74, 77f, 80
Bedbur, Winand 87, 90f, 94
Blau, Ferdinand 65
Bock, Heinrich Peter 99
Broch, H. 64
Broglio, von 107
Brühl 107
Buyx, Michael 35
Carl 107
Chlodwig 10
Clemens 107
Clermont 106f
Contades 107
Cremer, Engelbert
Cronenberg, von 46
Dahlen, Wimmar 65
Daßdorf, J. H. 90, 92
Demian, Joh. Andreas 61
de Nepa 15
Dittmaier, Heinrich 29
Dürscheidt, Th. 19
Elvide, Catrina 27
Engels, Friedrich 90
Esser, Johan 27
Ferdinand von Braunschweig 106f
Flatten, Theodor 97
Friedrich II. 107
Gotha, von 107
Gregor I. 63
Greiser, H. 88, 92
Gretchen 17
Grüter 80f
Gunkel, Johannes 15f
Harff, Josef 71f, 83
Hauser, Joannes Theodorus 28, 57, 60, 92
Heiderscheidt, Johann 100
Heinen, Wilhelm Joseph 61
Heinrich, genannt Fermentarius 22, 48
Heinrich, Max 59
Herger, Heinrich 19
Herkrath, Christian 79
Herkrath, Jakob 81
Her(r)mann, Johann 70f
Hinsenkamp, Hermann 21, 24
Höhlbaum, Constantin 12
Hogenberg, Abraham 11, 44
Honscheid, M. 92f
Horst, T. W. 68f
Hutmacher, Margarethe 53, 57
Joseph 107
Jungbluth, Ludwig 97
Karl der Große 10
Kaspers, W. 20, 39
Kathrinchen 27
Kellerhoven, Joseph 93f
Keussen, Hermann 14, 23, 33
Klersch, Joseph 51, 104
Klütsch, Johann Arnold 104
Koehler, P. W. 67
Krämer, Heinrich Lorenz 17
Kreyes, Anton 21f, 24, 39
Kuske, Bruno 24
Lärsch, Paul 80f
Lexer, M. 25
Lobusch, Jakob 71f
Longerich, Christian von 17
Lorner, Tillmann 19, 37
Lubomirsky 107
Ludwig XV. 105
Lüttgens, A. 95f
Marx, Karl 90
Mauenheim, Kuno von 48
Minckwitz 107
Müller, Anton 39
Nepp 19f, 37, 39
Nicolini, Ferdinand 69, 80, 83, 90
Nipshagen, B. H. 58
Peusquens, Karl 22
Rochow 107
Romberg, M. 96
Rossa, Kurt 63
Schaffrath, Engelbert 53, 57
Scherr, Gerhard 97
Schiefer, Joseph 83ff, 90ff
Schlagwein, Joseph 66ff
Schmitt-Rost, Hans 24
Schmitz, Vincenz 68, 72, 77ff
Schmitz, Anna Christina 78
Schreiber, Peter 5, 19ff, 31ff, 44, 104
Schwan(n), Joseph 65ff, 80
Sieburg 85
Steinmetz 95f
Strick, Engelbert 83ff
Trippen, Peter Paul 19ff, 29, 32, 37f
Uhles, Heinrich 68, 80
Volk, Theodor 29, 34, 69ff, 82, 97
Volk, Jakob 77, 80ff, 91ff
Volk, Witwe 97
Voswinckel, Theodor 14ff, 33
Waller, Gebrüder 67
Weinsberg, Hermann von 44, 62
Weißhaupt, Hubert 97
Welter, Ferdinand 28, 36
Welter, Wilhelm 28, 64ff, 69
Wermßkirchen, Johann van 19f, 27, 33, 38, 44
Weyden, Ernst 62
Wirz & Riffart 18
Wolff, Johann Heinrich 96
Wrede, Adam 22ff, 40

Abbildungsnachweis

Titel HAStK
Abb. 1 HAStK
Abb. 2 Archiv des Autors
Abb. 3 HAStK
Abb. 4 Landesvermessungsamt NRW
Abb. 5 Archiv des Autors
Abb. 6 HAStK
Abb. 7–9 Archiv des Autors
Abb. 10–11 Rheinisches Bildarchiv Köln
Abb. 12–14 Archiv des Autors
Abb. 15–17 HAStK
Abb. 18 Archiv des Autors
Abb. 19 Landesvermessungsamt NRW
Abb. 20 HAStK
Abb. 21 Archiv des Autors
Abb. 22 HAStK
Abb. 23 Archiv des Autors

Alle Anzeigen aus dem Welt- und Staatsbothen zu Köln, der Rheinischen Volkshalle und der Kölnischen Zeitung im Archiv des Autors.

Über die Arbeit des Autors

Seit vielen Jahren befaßt sich Reinhold Kruse mit der Geschichte des Kölner Stadtteiles Nippes, ehemals *am Nippes* in der Herrlichkeit Mauenheim. Seine bisherigen Recherchen führten zu einer einzigartigen Sammlung, die aus über 45 Aktenordnern gefüllt mit Kopien und Abschriften alter Dokumente, einer großen Zahl von alten Zeitungsausschnitten, über 100 Land– und Spezialkarten, sowie Büchern, Broschüren, Ansichtskarten, ca. 1000 Dias und Objekten mit einem Bezug zu Nippes besteht. Und ein Ende seiner Forschungsarbeit ist noch nicht abzusehen.

Mit Diavorträgen in der Volkshochschule, bei Schulveranstaltungen oder im Unterricht, sowie privat organisiert, mit Aufsätzen in Festschriften und Zeitungen, Führungen durch den Stadtteil und der 1995 begonnenen Buchreihe *Nippes – Bemerkenswertes und Unterhaltsames aus einem Kölner Stadtteil* bringt er sein Wissen in die Öffentlichkeit. Ihn zeichnet aus, daß er überwiegend bisher noch nicht veröffentlichte Daten und Fakten vermittelt und die Themen sorgfältig und gründlich recherchiert. Das vorliegende Buch ist dafür erneut ein Beispiel.

In Planung hat der Autor einen ständigen Ausstellungsraum, der die historische Entwicklung von Nippes anhand ausgewählter Exponate aus seiner Sammlung anschaubar machen soll.

Vor der Veröffentlichung in dieser Buchreihe stehen die Themen:
„Op der Sechzig“ – Die Eisenbahn in Nippes;
Der Nippeser Volksgarten;
Vom Trampelpfad zur verkehrsberuhigten Straße
– die öffentlichen Verkehrswege in Nippes;
Die Mauenheimer Höfe mit dem Altenberger Hof.
Weitere Beiträge über Nippes sind in Vorbereitung.

Für Anregungen, Informationen, Vortragsbestellungen, Nachfragen und die Übernahme von Dokumenten und Objekten über/aus Nippes ist der Autor erreichbar:

Reinhold Kruse, Schillstr. 7, 50733 Köln, Tel. 0221/763148.

Reinhold Kruse
Der Erzbergerplatz und der »Schillplatz«
Edition Nippes, Bd. 1
Broschur
103 Seiten, 54 Abbildungen
DM 22,00
ISBN 3-924491-91-7

Lis Böhle
Glückliche Jahre
Kindheitserinnerungen
Edition Nippes, Bd. 2
Broschur
104 Seiten
DM 19,80
ISBN 3-924491-92-5